いま、私たちは幸せに生きているのか

貝原益軒が語る、新・幸福論

立元 幸治

展望社

いま、私たちは幸せに生きているのか

～貝原益軒が語る、新・幸福論

立元幸治

益軒先生から読者のみなさまへ

初めまして、貝原益軒と申します。

いかがお過ごしですか。

いささか唐突ながら、こうして皆様にお話できる機会が得られたことを大変嬉しく思っております。

私は九州福岡の黒田藩の儒者として長く仕官いたしました。生涯、多くの著作を残しましたが、そのなかで『養生訓』などが今でも読み継がれ、著者としては望外の喜びであります。幸い八十歳をはるかに超える、当時としては稀な長寿に恵まれ、正徳四年（一七一四）に鬼籍にはいりました。

それから三百年以上経って私が、こうして令和の世にのこのこ出てまいりましたのは、本書の刊行に際し求められて一言挨拶したいという思いに至ったからです。今更ながらという、いささかのためらいを感じながらも、この国のありようや人々の生き様を見ながら、私が本当に言いたかったことを少しでもお伝えできればと思い、お言葉に甘えて出てきた次第です。

私は、『養生訓』などの著作が話題になったゆえか、世間の一部の方々から少々誤解されているように常々思っておりました。たとえば、ガリガリの禁欲主義者という誤解です。たしかに私は養生を説き、禁欲を語りました。しかしそれはあくまで健康でいのちを慈しみ、人生を楽しむためのものでした。しかし、しばしば養生という手段が目的とされてしまっているように思います。あるいはまた、男女の交接の回数や「接して泄《も》らさず」などの言葉が一人歩きし、性の指南者という名誉ある風評もいただきました。

然し、私は決して極端な禁欲主義者などではありません。書を読み、音楽を愛し、食を楽しみ、よい酒を味わい、自然を愛し、旅を愛し、温泉を楽しみました。子供には恵まれませんでしたが、妻との性生活も楽しみました。また恥ずかしい話ですが、京都に旅したとき若気の至りで遊郭に遊んだこともあります。そのゆえか、淋病などという、しんどい病気にかかったこともありました。そんなごくあたりまえの人間であります。

私は、当時の太平の世に、とかく人々が奢侈《しゃし》に流され、その欲望に流され、健康を害していくさまを見て、そこに一定の歯止めをかける必要があるのではないかと思い、ひと言書きたいと思ったのでした。

人として一定の欲望は自然であるし、むしろそれを楽しんでいい。ただ、その楽しみ方が少しずれているのではないか。ただ金をかけ、いたずらに外欲に流されるのはいかがなものか、本当の楽しみはもっと違うところにあるのではないかという思いがあったのです。『養生訓』のほか、『楽訓』『大和俗訓』『家道訓』などでも、そのことを問いかけました。

こうして三百年後のいまの時代を見ていますと、感慨深いものがあります。この国の発展と豊かさには目を見張るものがあります。しかし、そこに暮らす人々は本当に幸せなのかという疑問を禁じ得ません。人々の暮らしは依然として厳しさを増すばかりであるし、先の相次ぐ地震や自然災害、そして深刻な環境問題など、その繁栄の陰に潜む脆《もろ》さが露呈してしまいました。

街にはモノが溢れ、人々はさまざまに生活を楽しんでいるように見えます。しかし、その楽しみは本物といえるでしょうか。メディアや情報や流行に流され、その欲望を限りなく掻き立てられている、そんな側面もあるように思います。そんな楽しみもあってもいいが、もっと深い楽しみや悦びがすぐ身近にあるのではないか、そんなことを強く感じるのです。

「楽しみの人生」は、みんなが一様に何かに流されて楽しむのではなく、人々がそれぞれ自分の時間を自分流に楽しむ、そんなことが大切であるように思います。

そして、本当の豊かさとは何かを、いま真剣に問い直す時期であると思います。

そんなことを考えている時、先ごろ日本を訪れたウルグアイの前大統領のホセ・ムヒカ氏の言葉を聞き、強い共感をおぼえました。ムヒカ氏は、〝世界で一番貧しい大統領〟といわれ、その質素な暮らしと、金とモノに振り回される現代の豊かさへの鋭い指摘で多くの人びとに感銘を与えました。経済大国になった日本が、大事なものを失ってきているという、きびしい指摘もありました。

ムヒカ氏の言葉が、本当の豊かさや、「楽しみの人生」など、私が語ってきたことと大きく重なっているように思われ、共感したのです。

この国の平均寿命はどんどん伸びています。人々は私の時代には考えられなかったほどの長い

「午後の人生」を生きることになります。しかし、長寿がそのまま幸せな人生につながるのか、安易な断定はできません。長くなった人生の時間をほんとうの楽しみの時間とするためには、誰にも邪魔されない、惑わされない、ほんとうの自分の時間とすることが大きな前提となるように思います。

先に、城山三郎さんのこんな言葉を目にしました。

「五十六歳――人生の秋のはじまりである。しみじみした人生がそこから始まる。それまでは気づきもせず通り過ごしてきた人生、他人のものであった人生が、向こうから胸にころげこんでくる。」

（『人生の流儀』）

この文章が書かれた時代には、定年は多くの場合五十五歳ぐらいだったと思います。そうすると、この五十六歳はいまの六十歳過ぎということになるのでしょうか。

「向こうからころげこんできた人生」を、本当の自分の人生にすることができるのかどうか、それが問われることになります。

人それぞれが、こうした問いに向き合うとき、三百年前の時代から迷い出てきたこの老生の言葉が、少しでもお役に立てればと思いつつ、つたない一文を結ばせていただきます。

敬白

貝原益軒

はじめに

益軒先生には、極めて示唆に富むお言葉をいただきました。

ふり返ってこの国の昨今のメディアの論調には、タイパ（タイムパフォーマンス、時間効率）という言葉が目立ちます。スマホやSNSの普及、映画やドラマなどの倍速視聴はその一例です。諸調査でも、多くの人が〝時間に追われている〟と答えています。

そんな時代だからこそ、急がず、立ち止まり、自分の時間を大切にしたいと思うのです。

では、いま、なぜ益軒なのか。

益軒は一般に、健康長寿のための禁欲の生活を語った人と考えられていますが、実はそうではなく、むしろ人生をいかに楽しむのかを説いた人生の達人であったのです。『養生訓』があまりにも有名すぎるので、そういう誤解が生まれていますが、その著作をもっと広く深く読むと、そうした益軒像は一変します。とくに『楽訓』などは、まさに「楽しみの人生」のための格好の指南書であり、それは不透明な時代を模索しつつ生きる現代人にとっても示唆するところが決して小さくありません。益軒の言葉は、時代を超えて訴える説得力を持つのです。

一方で、益軒が生きたあの時代、市井の人々にとって、生活は貧しく娯楽も少なかった時代に、人生を楽しむ余裕などが果たしてあったのだろうかという疑問も当然喚起されます。

しかし益軒はひたすら「楽しみの人生」を説いたのです。なぜ、それが可能だったのでしょうか。

その疑問を解くカギは、「楽しみ」の解釈にかかっています。「楽しみ」を金で買う娯楽や享楽と限定してしまうとき、その疑問に突き当たるのは当然です。しかし、それをもっと広く、深く解釈するとき、その疑問は氷解します。

益軒は、「楽しみ」を、金をかけて娯楽や享楽を求めることでなく、もっと身辺にある深い楽しみに目を向けるべきであると語ります。楽しみは直近にある、ただ人々がそれに気づかないでいるのだと言います。

では、その「楽しみの人生」とは何なのか、『養生訓』はもちろん、『楽訓』『大和俗訓』を含め、幅広い益軒の著作を紐解きながら、具体的に語っていくことにしましょう。それは、単に益軒の言葉をなぞるのではなく、そこから現代人に語られるメッセージを読み解くことです。そのために、益軒の言葉だけではなく、それと響きあう古今の異才たちの言葉や新聞の投書などにも触れながら、考察を深めていくことにしました。

たとえば吉田兼好、良寛、橘曙覧、神沢杜口、佐藤一斎、西郷隆盛、斎藤茂吉、山口瞳、阿久悠、加島祥造、黒井千次、帯津良一、野口晴哉、安保徹、小浜逸郎、種田山頭火、辰巳芳子、多田富雄、河合隼雄、立川昭二、瀬戸内寂聴、常盤新平、山田洋次、セネカ、H・D・ソロー、アリアナ・ハフィントン（米、ジャーナリスト）、タル・ベン・シャハー（米、心理学者）、ホセ・ムヒカ（前ウルグアイ大統領、〝世界で一番貧しい大統領〟と呼ばれた）など、様々な人物が登場します。彼らと益軒とのコラボも楽しんでいただきたいと思います。

では、貝原益軒とはどんな人物だったのか。最後にその人物像をサマリーしておきます。

益軒は福岡の黒田藩の儒者、博物学者で、医術や薬学の知識も豊富で、『養生訓』や『大和本草』などの著作を残したことでも知られています。

一六三〇（寛永七）年、黒田藩の祐筆役（書記）であった父寛斎の子として生まれ、一七一四（正徳四）年に八十五年（数え年、以下同じ）の生涯を終えた、当時としては稀に見る長寿の人といえます。

益軒の通称は、初めは助三郎、後に久兵衛、諱《いみな》は篤信、号は損軒、晩年に益軒と変えています。

幼少時代は虚弱でしたが、次兄の影響で多くの書に親しみ、また父の勧めで、医学・薬学を学びます。これが後世の『大和本草』や『養生訓』『大和俗訓』を生む伏線となります。

一六四八（慶安元）年、黒田藩に出仕。一六五〇（慶安三）年、藩主忠之の怒りにふれて失職し、一六五六（明暦二）年、二七歳で復職するまで六年ほど浪人生活を送ります。失職にも挫折することなく、この浪人時代、益件は儒学、本草学（博物学）、地理、農学、歴史等、幅広い学問を学びました。この間しばしば長崎を訪れ、中国医学や西洋医学を学んでいます。

明暦二年、忠之に代わる藩主光之に出仕の命を受け、翌年、京都遊学を命じられ、儒学者木下順庵のもとで学びます。以降七年間京都で学びますが、途中江戸にも遊学しています。

一六六四（寛文四）年、帰藩の命が出され、藩の子弟に教典を講じます。その後も、伊藤仁斎など京都のさまざまな学者と交流を続けますが、虚弱体質の故、さまざまな疾患に悩まされています。

刻苦勉励で病弱など、益軒のイメージは地味ですが、一方で、読書、旅行、交友等、人生を楽しむ達人でもありました。それは、後の著書、『楽訓』のほか『諸国巡覧記』やさまざまの旅行記にも結集しています。

一七〇〇（元禄十三）年、七一歳で辞職するまで、藩士兼学者として藩政に仕えています。しかし、この退官辞職後の益軒の人生は大きく花ひらくのです。『養生訓』や『楽訓』『大和俗訓』『大和本草』『慎思録』『大疑録』など、その代表的な著作の多くは最晩年に書かれています。

そして一七一四（正徳四）年、八十五歳で没するまで精力的な著作活動をつづけました。当時としては驚くべき長寿でした。もともと虚弱体質で病気持ちの益軒のこの長寿は、「養生に努めつつ、また人生を楽しむ」という自らの養生論の実践の証しといえるのかもしれません。

その益軒の墓は、福岡市中央区今川の金龍寺にあります。それは、生涯のよき伴侶であった東軒夫人の墓と寄り添うように立っています。

益軒の代表的な著作である『養生訓』は現在でも読み継がれ、多くの示唆を与えています。また『養生訓』は歴史に残る名著ですが、実はそれ以外にも、今読み直すべき益軒の著作は少なくありません。

本書では、『養生訓』のみならず、『大和俗訓』や『楽訓』『家道訓』など、これまであまり著名でなかった著作にも着目し、独自の益軒像の構築を試みました。益軒の思想と、その語る言葉の深い意味をしっかりと汲み取り、味わい、そしてそこから今日に生きる知恵や教えを読み取っていただければと思います。

それは、この不透明な時代を生きる人々にとって、「いま、私たちは幸せに生きているのか」という問いに改めて向き合うことであり、同時に、「新しい幸福論」への誘《いざな》いでもあります。

二〇二四年四月

著　者

目次

第一章　人生を急がない
～悠々たる人生を歩きたい

第二章　七十点の人生でいい
～完璧を望まないことが、いい人生をつくる

第四章 先人に学ぶ、養生の極意
～生き生きとした午後の人生のために

第五章　楽しみの人生は直近にあり
～「日々是好日」という至福のために

第一章

人生を急がない

〜悠々たる人生を歩きたい

午後の人生、楽しみはこれからだ楽しみは、すぐそこにある

人の命は限りあり。ひいて長くしがたし。限りある命の内の光陰を惜しみ楽しみて、月日を送るべし。しばしの間も益なき事をなし、ひが事を行い、楽しまずして空しくすぐす（過ごす）べからず。いわんや憂い、苦しみ、怒り、悲しみて楽を失うはおろかなり。なす事なく楽しまずして月日を空しく過ごさば、千年をふ（経）とも甲斐なかるべし。

（『楽訓』巻之上）

＊ひが事＝道理に合わないこと、悪事

益軒は何より「楽しみの人生」の達人でした。これまで、益軒＝養生訓＝禁欲という既成概念が、益軒像を衰弱させてきたのではないでしょうか。

冒頭に引用した言葉はその著『楽訓』から採ったものですが、とにかく人生を楽しまずして、空しくに過ごすことなきよう、熱心に語っています。通常は「光陰を惜しみて」というと、「学べ」とか「努力せよ」とかが続くように思いがちですが、益軒はとにかく「楽しめ」というのです。

思い通りにならない人生ではあるが、一時の感情に振り回されて日々を過ごし、楽しみの人生

を見失うことがあれば、たとえ千年生きたとしても、生きる意味がないのではないかと問いかけています。

先の益軒の言葉や関連書を読むとき、もっと豊かな益軒ワールドを知ることとなります。

それは益軒の独自の人生論であると同時に幸福論でもあります。

ただ、その楽しみは通常考えられている楽しみとは少々違うものです。それはもっと深くて広い楽しみなのです。それは、私たちの身近にある楽しみなのです。

例えば、「楽しみの人生」を語るときの示唆的なメッセージが、江戸時代末期の歌人　橘《たちばなの》 曙覧《あけみ》の詩歌の中にあります。

橘曙覧『独楽吟《どくらくぎん》』より（抜粋）

たのしみは　妻子《めこ》睦まじく　うちつどい　頭《かしら》ならべて　物をくう時
たのしみは　空暖かに　うち晴れし　春秋《はるあき》の日に　出でありく時
たのしみは　朝おきいでて　昨日まで　無かりし花の　咲ける見る時
たのしみは　あき米櫃《こめびつ》に　米いでき　今一月《ひとつき》は　よしという時
たのしみは　門《かど》売りありく　魚買いて　煮る鍋の香を　鼻に嗅ぐ時
たのしみは　銭《ぜに》なくなりて　わびおるに　人の来たりて　銭くれし時
たのしみは　心をおかぬ　友どちと　笑い語りて　腹をよるとき

たのしみは　客人《まれびと》えたる　折しもあれ　瓢《ひさご》に酒の　ありあえる時
たのしみは　機《はた》おりたてて　新しき　ころもを縫いて　妻が着する時
たのしみは　三人《みたり》の児ども　すくすくと　大きくなれる　姿見る時
（『橘曙覧全歌集』）

この『独楽吟』は、アメリカの思想家・随筆家ヘンリー・デイヴィッド・ソローの、こんな言葉とも響き合うように思われます。


物質的に低い暮らしをする人も、精神的に高い暮らしをすることによって失うものは何もない。余分な富（金）を持てば、余分なものが手にはいるだけである。

魂の必需品を購《あがな》う（入手する）のに金はいらない。

（飯田実訳『森の生活』括弧内は筆者注）


ほんとうの豊かさとは何か、を問いかける言葉です。金や財力に頼らない人生の楽しみや本当の豊かさがあるのだ――先の橘曙覧もソローもそのことを問いかけているように思います。

また、著名な臨床心理学者の河合隼雄さんはこんな話を紹介しています。

河合氏は、楽しみは何かを「する」ことにのみあるのではなく、ただ「ある」こと、自分の時間を「生きる」ことの中にもあるのだと、語ります。そしてリタイアしたある人の話を紹介しています。

この人はいま息子夫婦と同居しているのですが、その息子が父親に、そんなにブラブラばかりしていないで何か生きがいのあることを見つけたらどうかと説教します。そのあと河合氏はこう書いています。


彼は今、自分にとっていちばん楽しいこと、つまり〈ブラブラする〉ことをしているのである。若いときにひたすら働き続けながら、いつかはしてみたいと思っていたことを今楽しんでいるのだ。それに対して息子たちは、それを奪って〈何か楽しいことをしなさい〉と説教するのである。（『「老いる」とはどういうことか』）

何が楽しいかは自分で決めることです。この息子たちはそれが分かっていない。世の中一般が、高齢の人にやれ生きがいを見つけなさい、趣味を持ちなさいとお節介をやく。余計なお世話です。強制された趣味や遊びは、本当の楽しみではあり得ません。

先日新聞で、オランダ在住のライター、山本直子さんの興味深い文章に出会いました。

私が住むオランダには、「ニクセン」という言葉があります。「何もしない」という意味の動詞で、ぼーっとすることです。

「今ここ」にいる自分に集中する「瞑想」と違い、ニクセンは集中することがありません。芝生に寝転がって太陽の光を感じているようなイメージです。そのとき、考えが浮遊してもいい。ただ、リラックスした状態を楽しみます。（中略）

日本では、まわりが忙しく働いているのに自分だけニクセンするのは、ちょっと勇気がいることかもしれません。だけど、もう少し自分勝手になってもいいじゃないですか。自分の人生は自分で決める。そのことが心の余裕を生み出し、自分にも、他人にも、優しい社会につながるんじゃないかと思うんです。

（「朝日新聞」二〇二三年十二月二十七日）

一見、外からは何もしていないように見えても、そこに何の問題があるというのでしょう。外の目など気にせず、自分の時間を自分流に楽しめばいいのです。生涯学習の講座やジム通いなどで日程表が埋まっている事だけが充足の余生とは言えません。のんびり、ぶらぶら自由に過ごす時間こそ、掛け替えのない貴重な時間なのです。既成概念を超えましょう。「楽しみの人生」の意味を再考しましょう。山本直子さんも語っていたように、「自分の人生は自分で決める」、そのことが何より大切なことです。

たしかに、楽しみのフィールドは広く、多種多様です。そして、身近なところに、普段気が付かない楽しみがあるのです。私たちは自ら楽しみの概念を狭く貧しいものにしてしまっているのではないでしょうか。

「引き算」ばかりは止《や》める
「下り坂」を楽しむ

わがよわい（年齢）久しきを悦ぶべし。白髪の新たにして又新たなるを嘆くべからず。

（『楽訓』巻之下）

人は白髪を見てうれい、我は白髪を見てよろこぶ。

（宋の詩人・東坡）

老いは誰にも避けられない必然です。それは分かっていても、いざ自身がその事実に直面した時は驚き、たじろぎます。斎藤茂吉は多くの老いの歌を詠んでいますが、その中からいくつか。

Münchenにわが居りしとき夜《よる》ふけて陰《ほと》の白毛《しらげ》を切り棄てにき（斎藤茂吉）

朝々にわれの食《たう》ぶる飯《いひ》へりておのづからなる老《おい》に入るらし（同）

人皆のなげく時代に生きのこりわが眉の毛も白くなりにき（同）

茂吉の率直な表現が共感を呼びます。

老いの現実は避けられません。誰しもそれを遠ざけ、先延ばしにしたいと思うのも自然です。しかし、老いは先延ばし、忌避すべきものなのでしょうか。

老いを受け入れ、その豊かさに気づき、人生の伴走者として老いとうまい付き合いをすることも可能なのです。例えば、作家・黒井千次はこう語っています。

いつから我々は健康の信奉者になり、病の敵対者になったのだろう。その中間あたりに、老化を素直に受けとめる姿勢が認められてもいいのではないか。もし健康な老化というものがあるとしたら、それが一番望ましいのではないか。

（『老いのかたち』）

また、高齢者医療にかかわる医師・帯津良一はこう語ります。

最近はやりのアンチエイジングにしても、若いことがいいことで、歳をとるのはマイナスという考え方がその根底にあります。しかし、未熟で青臭く、悔いの多い〈青春〉と比べて、老境というのははるかに豊かで充実した高い境地なのです。

（『養生という生き方』）

精神分析学者・岸田秀さんは，現代社会の大きなテーマである「健康」には明らかに昔はなかった価値観が出てきているといいます。〝人間は誰でも心か身体のどこかは調子の悪いものであるが、完全な健康という幻想がはびこって、そのことが新たなストレスを生み出している。「アンチエイジング」という言い方は昔からあった「矍鑠《かくしゃく》としていらっしゃって、お元気ですね」という挨拶とはニュアンスが違う〟といいつつ、次のように書いています。

アンチエイジングなど、もともと無茶な話で、エイジングするのが人間なのである。アンチエイジングというのは、単なる〈悪足掻《わるあが》き〉。母親が娘と姉妹に見られて喜ぶなんて話は気味が悪い。エイジングということに過敏に反応してしまう人は、自我の〈存在価値〉のなかに若さが大きな場所を占めすぎている。

〈老い〉というものが世の中で忌避すべきものと捉えられているが、これは悲劇である。みんな老いるのだから。〈老〉という字も、本来は価値あるものという意味だったようで、老酒《ラオチュウ》は熟成されたいい酒、老中とか大老は位の高い人である。年を取ることが恐怖である社会、若さを勝ち取りたいと願う社会は、死ぬまでストレスから解放されないということであり、平和ボケの現実逃避であろう。

（『「哀しみ」という感情』）

高齢の価値、加齢の必然という現実から目を背けて、ひたすら若さへの幻想を追い求め、無理をするというこのところの風潮には、多くの人が疑問を投げかけているのです。冒頭で益軒は、「よわい（年齢）久しきを悦ぶべし。白髪の新たにして又新たなるを嘆くべからず」と語り、宋の詩人・東坡は「人は白髪を見てうれい、我は白髪を見てよろこぶ」と語っていました。たしかに白髪は老いのメッセージであると同時に、新たな人生の始動のシンボルでもあるのです。

こんな新聞の投書が目にとまりました。

「三年ほど前、ふと自然のままの自分で行こうと思いきってみたら、すごく楽な気持ちになりました。（髪を）染めなくてもすてきな方はたくさんいます。（中略）ありのままの自分を受け入れる。それができるなら、生きることは随分楽になると思います。〈格好悪くても、頼りにならなくても、失敗ばかりでもいいじゃない！〉。そう思うようにしています。」

（四十代、女性「朝日新聞」二〇一〇年五月十六日）

アメリカの心理学者、ウイリアム・ジェイムズは、「若くありたいとか、やせていたいとかいう思いから解放されるのは、なんと心地よいことだろう」（『ハーバードの人生を変える授業』）と語っています。先の新聞の投書者と深く響き合っているように思います。

白髪の時節にどう向き合い、どう行動するか、それは人それぞれの生き方に関わってきます。加齢を、あれもできなくなった、こんなことも駄目になったなどと引き算ばかりでとらえるのでなく、むしろ「下り坂の人生」をどう楽しむかという方向に楫を切ることが賢明だということになります。

「荷物」を少しずつ減らしていく心のダイエットを心がける

年老いては、ようやく事をはぶきて、少なくすべし。事をこのみて、多くすべからず。このむ事しげければ、事多し。事多ければ、心気つかれて、楽しみを失う。

（『養生訓』巻第八）

断捨離という言葉が語られて久しい。数多くの本が書かれ、人々が実践しています。通常それはモノの断捨離として語られることが多いのですが、益軒は心の断捨離の重要性について語っています。

年をとったら少しずつ物事を省いていき、少なくしていくべきです。いろいろのことを好んで手を出してはいけない。関わることが多ければ気が休まることもなく疲れて、楽しみを失ってしまう。だから、心静かにして、雑事を減らしていき、また、交友関係も少なくしていくことが必要になります。つまり益軒は、モノや家財のみでなく、雑事や人間関係など、あらゆるものを減量化すべきだと語っているのです。

それは人が、モノや財産、地位や名声、あるいは義理や人情までも含めて、あらゆるものを捨てきれない、未練がましい存在であるからということでしょう。そして、持つものや関わりが多ければ多いほど、失うものも多いのであり、それはほんとうの楽しみ、本当の自分から遠ざかることになることになるのだと言います。

作家山口瞳さんにこんな言葉がありました。

禁酒禁煙、禁珈琲《コーヒー》
間食シナイ、無理シナイ
早寝早起、仕事セズ
義理欠キ人情欠キ、散歩スル

（『還暦老人憂愁日記』）

先の益軒の言葉と微妙に響き合っているように思います。益軒も山口さんもまず体の養生、そしてこころの養生を語り、ともかく無理をしないことを強調しています。

体と心の調子を整え、そして世間の付き合いや人間関係などを徐々に減らしていく。そこからほんとうの自分と向き合える、真に充足した時間が始まります。

もちろん最低限度の義理は残ってもいいだろうし、人情は時として人間関係の潤滑油ともなります。

要するに、減らすことそのことと同様に、減らした後に何が残るか、何を残すか、あるいは何を大切にするかによって、人生の豊かさが左右されることになります。

　モノの断捨離、心の断捨離、慣行、世間並みの断捨離によって、荷物を少しずつ減らしてゆけば、体も心もずいぶん楽になるはずです。

　たしかに長い人生のなかでそれぞれが背負ってきた荷物の一つ一つには、かけがえのない想い出が詰まっていることでしょう。感涙にむせぶ日もあったろうし、失意に落ち込んだこともあったでしょう。希望と絶望が交錯する日々でもありました。

「肩の荷を降ろす」という言葉もあります。それを一つずつ降ろしていくと身軽になると同時に、どこか一抹の寂しさも感じたりします。

　しかし、肩の荷を一つずつ下ろしていくとき、体も心もずいぶん楽になります。無駄なもの、不要なものを随分背負いこんでいたなという実感を覚えます。

　広く親しまれた江戸後期の歌人・禅僧良寛に、こんな作品がありました。

　生涯身を立つるに懶《ものう》く、（生まれてこの方立身出世的なことがめんどうで）
　騰々《とうとう》、天真に任す。（ぼんやりと天然自然の真理に任せる）
　嚢中《のうちゅう》、三升の米、（頭陀袋《ずだぶくろ》の中には三升の米）
　炉辺、一束の薪《たきぎ》、（その米と燃し木のほかに何が要ろうか）
　誰か問わん、迷悟の跡、（迷いだ悟りだと問う必要もなく）

何ぞ知らん、名利の塵《ちり》（名誉や利得も自分の知ったことではない）
夜雨、草庵の裡、（夜、雨の音を草庵の中で聞きながら）
双脚、等閒に伸ばす。（二本の脚をのんびり伸ばしているだけだ）

（吉野秀雄『良寛』一部加筆）

金や名誉や物欲とは全く無縁の〝自分の人生〟を、強固な信念に基づいて生き抜いた良寛の意思とその自由な生き方に感慨を覚えます。

最後に良寛同様、最低限度のものしか持たず、旅と庵住の生涯を送った、あの放浪の俳人・山頭火の言葉を引いておきます。放浪、そして句作と読書の日々、その自由で身軽な生き方を、山頭火はその句や日記の中で自らにしばしば語りかけています。

米があるならば、炭があるならば、そして石油があるならば、そして、そして、そしてまた、煙草があるならば、酒があるならば、あ、充分だ、充分すぎる充分だ！

さびしけれども、――まずしけれども、――おちついてつつましく。――
けちけちするな、――くよくよするな、――ゆうぜんとしてつつましく。――

（以上、『其中日記』昭和十三年）

「ゆうぜんとしてつつましく」――いい言葉ですねえ。シンプルライフでもこころは豊か、そんな生き方に近づきたい。そうすると人生はずいぶん楽になる。別に山頭火の真似をする必要もないし、またそれは無理な話です。しかし、その言葉や句には、共感を呼ぶものが少なくありません。

また、人生の〝荷物〟を減らし、悠然としてつつましく生きていく生き方は、別に終活の時期を待つものでもありません。誰しも一定の年齢に達したとき、そしてそれまでの人生を振り返り、新たな歩みを進めようとするとき、心に止めおきたい言葉でもあります。

横を見るより、前を見て歩く それぞれの人生の物語を紡ぐ

凡人は、ひと（他人）の我に同じきをよろこび、我に異なるを憎み、わが知らざるを以って人の知るをそしる。是れ凡人の常の心なり。かかるひが事を聞きて、怒り争うは、われもまた彼のおろかなる人と同じくなるはくちおし。

（『大和俗訓』巻之二）

＊くちおし＝悔しい、情けない、感心しない

どうも人は「比較」という行為から逃れられないようであります。この益軒の言葉は、そのことを物語っています。人が少しでも自分と違っていると、気になってしようがない。ひとが自分より多くのモノや情報を持っていると、それが気になってしようがない。

いま、私たちの日常の中で、意識するにしろ無意識にしろ、つい他と比較してしまうということはないでしょうか。そして現代社会においては、比較を促すデータが限りなく存在します。もちろんデータそのものに問題はありません。重要な意思決定や政策決定や経済予測などに於いてデータは重要な役割を果たします。データサイエンスの重要性から、大学では関連学部の増設が相次いでいます。

一方、私たちの周囲には「比較」を促す情報が満ちています。例えば大学の偏差値、高校別入学者数ランキング、就職状況のランキングなど、いろんなことが気になり、そして子供の学校の成績、進学先、自身や家族の勤務先、年収など、他と比較してしまいます。

宗教学者の山折哲雄氏は、何でもほかと比べてしまう事を〈比較地獄〉と表現しています。比較というのは、本来モノとモノの間で行うものであって、人と人との間で行うものではない、人間には一人ひとりの個性があるのだから比較などできるものではないのだ、ということはわかっているつもりだが、実行することはなかなか難しい。性格、才能、運命、健康、幸福、不幸など、常に他人と比較してしまうのだと言いつつ、次のように書いています。

ところが、自分と他人をひとたび比較しはじめると、そのとたんに嫉妬が芽生え、不幸への転落がはじまる。ヒトとヒトを比較することの不幸と絶望が出現する。そしてそのことを誰でも心の中で感じているから、なお始末が悪い。結局、この比較地獄のなかをもがきながら生きていくほかはない。

（「朝日新聞」二〇〇三年四月十四日夕刊）

益軒はこうした人間の弱さを見抜いていました。だからこそ、冒頭の警句を語ったのでしょう。

ある時、作家渡辺京二の文章（『無名の人生』）を読んでいて、次のような一節が目に止まりました。

人間の一生には幸福も不幸もあるけれど、その評価は、自分で一生を総括してどう考えるかの問題だということになる。他人が判断できることではない。幸福度を客観的に測る基準などないからである。

人間の幸福とは、掴みどころのないもの。それでも、一つだけ言えることがある。

幸不幸の入り混じった人生ではあっても、それを通観してみて、自分なりの尺度でもって判断することはできる。幸も不幸もあったけれど、どちらがより多かったのか、無駄な一生だったと振り返るのか、それとも実りの多い人生だったと思うのか。

渡辺氏はこう書きながら、大切なことは自分の人生をあるがままに受けとることだろう、と語っています。渡辺氏が「自分なりの尺度でもって判断する」というとき、それは自分の物差しを持つということになります。世間の常識や他人と同じ物差しではなく、それぞれが自分の物差しでものを見ていくとき、いつもと違う風景が見えるはずです。

人それぞれが自分の物語を紡いでいく、それが人生というものでしょう。いたずらに外からの目を気にせず、周囲と比較することなく、自分の道をまっすぐ歩く、そして自分の人生を肯定する、そのことが充足の人生を全うすることに繋がるのではないでしょうか。

従《しょう》容《よう》として、自分のリズムをまもる
「時代」から、半分降りる

常の気象は従容として迫らず、此の四字（従容不迫）を守るべし。従容とはおもむろにして静かなるをいう。すみやかにいそがわしき時も、心平らかに気和して楽を失うべからず。こと多くとも心は静かなるべし。しずかならざれば誤まる事多し。

（『楽訓』巻之上）

＊気象＝気性

益軒は従容不迫ということをことのほか強調しています。しかし、スピードと効率を重視する現代社会では、耳にすることも少なくなりました。

「従容」とはゆったり落ち着いている状態のことであり、「従容として迫らず」とは、差し迫って忙しい時も、あるいは難局に陥ったときでも、心を平静にして穏やかにして気を和らげ、冷静に対応することを意味する言葉です。

もっと言えば、従容とは自らの物差しを持ち、そして自身のリズムで日々を送っていくという強い意志をすら感じさせる言葉です。何ともせわしなくあくせくとしたこの時代です。大人から子供まで、まるで何かに追われてでもいるかのように忙しい日々を送っています。

タイパ＝タイム・パフォーマンスという言葉も、もはや日常語となりました。

そんな時代であるだけに、益軒の語った「従容」という言葉の意味について再考することの意味が重くなったともいえます。

先の比較癖についても同様ですが、益軒は周囲の人間や雑音に安易に流されず、確たる軸を持つことの重要性を随所で語っています。そんな軸を堅持するとき、判断や行動に誤りはないと語っています。

同様なことについては、古今の賢人たちも語っています。

吉田兼好は『徒然草』の中でこう書いています。


蟻のごとくに集まりて、東西に急ぎ、南北に走る。高きあり、賤《いや》しきあり。老いたるあり、若きあり。（中略）いとなむ所何事ぞや。生《しょう》をむさぼり、利を求めて止む時なし。

つれづれわぶる人は、いかなる心ならん。まぎるる方なく、只一人あるのみこそよけれ。世に従えば、心、外の塵に奪われて惑い易く、人に交われば、言葉、よその聞きに随いて、さながら心にあらず。人に戯れ、物に争い、一度は恨み、一度は喜ぶ。その事、定まれる事なし。

＊聞き＝風聞、評判。

世の雑音や人間関係のわずらわしさなどに巻き込まれることなく、自分の軸をしっかりと堅持し、ぶれない人生を生きていく、それは益軒の「従容」について語ったところと重なります。
また、アメリカの思想家ヘンリー・デイヴィッド・ソローはこう書いています。

なぜわれわれは、こうもむきになって成功を急ぎ、事業に狂奔しなくてはならないのだろうか？　ある男の歩調が仲間たちの歩調とあわないとすれば、それは彼がほかの鼓手のリズムを聞いているからだろう。
（飯田実訳『森の生活』）

世間のリズム、時代のリズム、それから一歩距離を置く、そして自身の生き方の軸を堅持する、それは従容不迫の生き方に繋がります。
いささか唐突かもしれませんが、ここでわたしはあの著名な作詞家・阿久悠の『時代おくれ』という歌を思い出します。少々長くなりますが、まずはその歌詞を引いておきます。

一日二杯の酒を飲み
さかなは特にこだわらず
マイクが来たなら微笑んで

十八番《おはこ》を一つ歌うだけ

妻には涙を見せないで
子供に愚痴をきかせずに
男の嘆きはほろ酔いで
酒場の隅に置いて行く

目立たぬように　はしゃがぬように
似合わぬことは無理をせず
人の心を見つめつづける
時代おくれの男になりたい

不器用だけれど　しらけずに
純粋だけど　野暮じゃなく
上手なお酒を飲みながら
一年一度酔っぱらう

昔の友には　やさしくて
変わらぬ友と信じ込み
あれこれ仕事もあるくせに
自分のことは後にする

ねたまぬように　あせらぬように
飾った世界に流されず
好きな誰かを思いつづける
時代おくれの男になりたい

（阿久悠『時代おくれ』）

一九八六（昭和六一）年、高度成長期に発売されたこの曲は、大ヒット曲となり、カラオケなどでもよく歌われました。

作詞の阿久悠は、豊かさを求め、見せかけの幸福を人々が必死になって追いかける、そんな時代の流れに逆行する歌を書きたかったといいます。そして二十一世紀を迎えたいま（当時）、幸福病はあるが幸福はない、勝ち組と負け組に分ける幸福があっていいわけはない、と語っていました。

当時と今とではかなりの時間差はありますが、不器用でやさしく、目立たぬ存在で、虚飾の世界に流されず、世間の常識から距離を置き、自分のスタイルを貫く生き方、そんな時代おくれの生き方は、成果主義が極まり、ＩＴ化が進行し、タイパという言葉が飛び交うこの時代に生きる人々にも、どこか共感されるところがあるように思います。

　益軒の従容不迫という言葉がそこに重なります。

緩急自在、静と動を使い分ける
謙虚さのなかに、パワーを秘める

人の身は、気を以って生の源、命の主とす。故に養生をよくする人は、常に元気を惜しみて減らさず。静にしては元気をたもち、動いては元気をめぐらす。たもつとめぐらすと、二のもの備わらざれば、気を養いがたし。動静その時を失わず、これ気を養うの道なり。

（『養生訓』巻第二）

ここでは、人間の生命活動の根源である「気」について考えてみます。

日本人は古くからこの「気」という考え方に強い関心を持ち、それが暮らしの中に深く根付いていました。気持ち、気分、元気、陽気、気心、気品、人気、気配、やる気、気が合う、気にしない、気が重いなど、「気」のつく言葉を挙げていくと際限がありません。

もちろん、この「気」という問題は科学的に実証されていることではありません。電磁波みたいなものとか素粒子みたいなものという考え方もあります。しかし、目に見えないものだから存在しないと断定することもできないでしょう。

生命誌研究者の中村桂子さんは、「魂を込める」「魂に語りかける」ということの大切さを語りつつ、それが非科学的だという批判に対して、「なんでも科学でわかるものではありません」と語っています。（『老いを愛づる』）

「気」についても、それは該当することかもしれません。

通常よく耳にする「気」、あるいは通常使われる「元気」、益軒はこの二つを人が生きていく上での根幹にかかわるものとして語っています。そのことについて語った『養生訓』の言葉をまず見てみます。

「気」は、「血」（けつ）とともに体内の経路を循行する生命力の根源と考えます。そして「元気」は万物を生成する根源となる生気のことで、養生とは「元気」を保ち、「元気」をめぐらすことであると言います。

つまり、「気がめぐる」「血がめぐる」というように、「気」と「血」がめぐることによって人の体は保たれて、動いているというふうに考えるのです。「気」は無形ですが、有形の「血」と一体となって生理機能全般を司ります。

益軒の思想の根底にあるのは、人が生きる基本は「気」にあるということです。人の「元気」は、もともと天地の万物を生み出した「気」であり、この「気」が人間の生命の源であり、その「気」を養うことが養生の基本であると考えます。益軒の本に、「気を養う」「気をめぐらす」などという言葉が頻出するのは、こうした考え方に基づいています。

そして、この「気」を養うためには、静かにしているときには「元気」を保ち、動くことによって「元気」を循環させること、「保つことと廻らすこと」つまり静と動のバランスが重要ということになります。しかしそれは単なるバランスというより、常に「従容」「静」を基本としながら、時期に応じて「動」に転じるというダイナミズムを孕《はら》んだ関係ということになります。

いつも物事を声高に語り、「おれがおれが」と自己主張の強いギラギラした人物より、日頃は静かで謙虚であっても肝心なときは圧倒的なパワーとエネルギーを発揮できる、そんな人物像が益軒の理想であり、いまこの時代にも必要とされているのではないでしょうか。

スピードと効率を基本的な価値とするこの企業社会にあっては、急なる価値が求められ、緩たることは否定的に捉えられることが少なくありません。しかし大切なことは、緩急の賢明な使い分けをしっかり果たすということです。

緩にして急、急にして緩――いかなる状況にあっても、こうしたしなやかさを失うことのない、気持ちの余裕を持ちたいと思います。

スローな文化へのギア・チェンジを急がなくてもいいんだよ

およそ、事をなすに、油断にならざることは、緩の字を用いて、みだりに急がず、よく思案して、詳《つまび》らかに事の是非を分かちて行なうべし。古人これを〈待〉という。待とは事をいそがずして時を待ち、詳かに思案して道理を求め行うことなり。

（『大和俗訓』巻之三）

「緩」という言葉が再び出てきました。ここでは「急」という言葉と対比して、「待つ」ということの重要性を語ったものです。そのことは、「タイパ」が語られ、このせわしなく効率とスピードを求められる時代状況を考えるとき、まさに今こそ大切にされるべきキーワードではないかと思います。

益軒は『大和俗訓』のなかでこんな話を紹介しています。

ある時、二人の人間が同じ船に乗り合わせていた。一人はせっかちな性格であり、もう一人は穏やかな性格の持ち主であった。たまたま天気の悪い日であったが、せっかちの方は船が遅いのに心を悩まし、焦《あせ》った。穏やかな人物は船の遅いのを別に気にすることもなく、よく食べよく眠り、表情も明るかった。船が目的地に到着して、二人は同時に船から降り上陸した。所詮、同じ結果となるのに、船が遅いことに苛《いら》つき、心を悩ましたことに何の益があるのだろうか。

結局自ら苦しんだ分だけ無益のことだったという話です。そして、「急ぎて心さわがしく、静かならざれば、思案なくして、必ずあやまりあり、悔いあり」といいます。怒りや欲に流されて物事を急ぎ、焦ることは決していい結果を伴わない、無駄や過ちにつながるのだと益軒は語るのです。

実は、待つということの重要性については誰でもよくわかっていることかもしれませんが、普通の人にとってはなかなかうまくゆくものではありません。だから、益軒はあえてそのことの大切さを語っているのでしょう。

このような益軒の指摘は、実はいまの私たちにとっても示唆するところが少なくないのではないでしょうか。

子供の時から成人を迎え、社会に入ってからも、私たちは急ぐ文化のなかに絡め取られています。成績、点数、スピード、効率、目標、勝ち組負け組、そうしたマジックが人々を追い立てます。

そして六十歳を過ぎて定年を迎える頃、あるいは子供たちが巣立ってようやく余裕を取り戻せるというとき、人々はある戸惑いとためらいに遭遇します。そこでもたらされた長い時間の過ごし方に戸惑い、あるいは居場所を失ったような寂寥感を覚えることもあります。長く浸っていた

「急ぐ文化」から、「緩の文化」へのギア・チェンジがなかなかうまくいきません。

そうした、ある種の危機を回避するためにも、私たちは日ごろから緩の文化、待つ文化、あるいはスローな文化を大切にすることを心がけていく必要があります。それはダブルスタンダードを持つ知恵とでも言っていいでしょう。

ドラマや演劇では「間」が重要な意味を持ちます。動作と動作の間、セリフとセリフの間の空白の時間を無理して詰めたり削ったりすることは致命的な結果に繋がります。私たちの日々の暮らしの中で、無理して間を詰めたり、急ぎすぎたりしてはいないでしょうか。時々、急ぐ足を止めてみましょう。そこには違う風景が見えてきます。

第二章

七十点の人生でいい

~完璧を望まないことが、いい人生をつくる

「器《うつわ》」を大きくすれば楽になる
器用な人より器量の人へ

人をうらみ、怒り、自《みずか》ら誇り、人をそしり、人の小なる過《あやま》ちを責め、人の言葉をとがめ、無礼を怒るは、其の器小なり。これ皆楽《たのしみ》を失えるわざなり。怒りと欲とをこらえ、心を広くして人を責めとがめざるは器大なるなり。これ和気をたもちて楽《たのしみ》を失わざる道なり。

（『楽訓』巻之上）

新聞やテレビを見ていて、しばしば考えさせられることがあります。さまざまな人間模様のなかに、人間の器ということを考えることがしばしばあるからです。

益軒はここで、人間の器の大小ということについて語っています。

人間の器を大きくして相手に対するとき、自分の人生もまた豊かで、楽しみに満ちたものとなります。相手が自分の思い通りにならないからと言って、いちいちそれに不満を持ったり、イライラするのは結局その人に自分の感情を売り渡していることになるからです。一見、自分が優位に立って相手を非難しているように見えても、実は相手に自分が引きずられ、従属していることになります。

そんな器の大小に関しては、『大和俗訓』のなかでもこう書いています。

心のうつわものせばき人は、わが智ひとつを用いて、万《よろ》ずの事に通ずと思い、人の智を用いず。（中略）わが智一つをたのみて、人の智を用いざれば、世間の万事わが一人にては知りがたし。知らざること多ければ、小智というべし。心のうつわものひろき人は、わが一人の智を用いず、ひろく人に問いて聞き、その良きをとり用うる故、もろ人の知を合わせてわが智とす、これ大知とすべし。

（『大和俗訓』巻之四）

相手が自分の思い通りにならないのはあたり前のことであることを認め、また人間の優劣などといったことを超えて常に相手から学ぶ謙虚さを持つこと、そんな余裕のあるスタンスに立つとき、私たちの心はずいぶん楽になり、そしていっそう豊かになるのではないかと益軒はいいます。

「大知」と「小知」という益軒の指摘も、きわめて示唆的です。大知とは、いわば〝聞く力〟ということでしょうか。人としての器量の大小は、そのままその人の生き方の豊かさにつながってくるのだ、そんなことを益軒は問いかけているように思います。

かつてある政治家が、自身の「聞く力」ということを語って話題になりましたが、本当に民の声を聴く力を発揮すれば、世の中はもっと良くなるはずだと思いました。

最後に、西郷隆盛のあの有名な『遺訓』の原型となった「遺教」の中の言葉を引いておきます。

人皆、事を成すに、己が事は此の位の事は宜しきものと恕《ゆる》し、人の事は責むるなり。総べてに恕《じょ》する丈《だけ》は、人をも恕し、人を責むる丈は、己をも責むべし。畢竟《ひっきょう》恕は人に帰し、責は己に帰すべし、因りて人を容れ、人に容れられては済まぬものなり。

人は人を相手にせず、天を相手にするものなり。故に天より見れば我も人も同一に愛すべき也。因りて己の愛する道を以て、人を愛するものなり。

人間の器について語られた益軒と西郷の言葉が響き合っていることに深い興味を覚えました。西郷隆盛は武の人、策の人として語られる場合が多いのですが、実は知の人、情の人でもありました。そのことについては拙著『威ありて猛からず　学知の人西郷隆盛』でも書きましたが、西郷と益軒が響き合うのも必然だと思いました。

最近では器量などと言う言葉を耳にすることも少なくなくなりました。度量とか気骨とかにしても然りです。政界にも財界にも、そしてテレビに登場する常連のなかにも、そんな言葉と重ね合わせてみる人物に会うこともなかなか少なくなったというのが実感です。尊大な、あるいは流ちょうな言動の背景に、志なき矮小な人間像が透けて見えます。言葉は溢れていても、胸にストンと落ちる言葉に出会うことが少なくなりました。

相手によって差別しない
フェアで謙虚であれば、それが自分に返ってくる

人に交わるには、貴賤と親疎によらず、愛敬をむねとすべし。愛とは、人をいとおしみて憎まざるなり。仁の用なり。敬とは、人を敬いて侮《あなど》らざるなり。礼の用なり。

高位の人に対すとも、その勢いに屈しへつらうべからず。又、品くだれる人に対すとも、侮りかろしむべからず。

（『大和俗訓』巻之八）

＊へつらう＝媚《こ》びる、おもねる

＊かろしむ＝軽んじる、あなどる（侮る）

人との交わりで重要なことの一つは、相手によって差別をしないということです。「高位の人に対すとも、その勢いに屈しへつらうべからず。また、品くだれる人に対すとも、侮りかろしむべからず」とは、相手の地位によってこちらが妙にへりくだったり、あるいは逆に高慢になったりすることを戒めています。フェアな態度が相手の信頼を確保し、自分の幸せにつながってくるからです。

また、人に交わるとき、相手の身分や相手が親しい人物か否かに関わらず、つねに愛敬をもって接するべきだとも語っています。愛とは、人を愛《いと》おしんで憎まないことであり、敬とは人を敬って侮らないことです。人に交わるとき、この愛敬がなければ人としての道から外れることになるのです。

益軒はそうした愛敬の精神を誰に対しても差別することなく持つべきだと強調します。相手が親しい人でも、身分の高い人でも、身分が低いとか貧しい人であっても、みな天から生まれたものであり、同じように愛敬すべしといいます。

そして、温和にして謙虚であり、己に誇らず、人を侮らず、言葉少なく真実に愛敬の気持ちがあることが重要である、自分が軽薄でなく正しければ、たとえ温和であっても人は決して侮らない、といいます。

当然といえば当然のことですが、こうした徹底したフェアな精神を私たちは持ち合わせているでしょうか。相手の地位や職業によって、あるいは経済力によって、どこかで人を値踏みする、そんな潜在的な価値観から完全に解放されたとはいえないようです。

私は長くテレビの制作に携わってきました。その間、さまざまな人たちと出会い、付き合ってきました。著名人で自らの地位や名誉にこだわる人が、人間としていかに薄っぺらかと感じることがある一方、無名だが、どことなく魅力的で懐の深い人に出会うこともありました。

また、いま自分がテレビを見ていても、一見慇懃《いんぎん》ではあっても、どこか傲慢さを匂わせる人物がいます。テレビは正直で、さりげなくその人間性を透かしてしまうのです。饒舌ではあってもも謙虚さのかけらもない人物を人は尊敬しないし、そのウソを見抜きます。

ただ現実には、いま謙虚さという価値はあまり高い評価を持ちえていないようにも見えます。温和にして謙虚ということを貫けば、この厳しい競争社会から脱落してしまうのでしょうか。

しかし、短期的に見れば遠回りに見えても、謙虚さという価値が大きな力となることもたしかです。謙虚な精神を持ち続け、隔てなく人に対応していけば、それがジワリと広がり、周囲の見る目を変えていく、それが結局は自分に返ってくるといえるのではないかと思います。

先に益軒は緩と急、そして器量ということについても語っていました。そしてここでは謙虚さの価値について強調しています。この一連のキーワードからも、益軒の人間観への拘りを感じます。いまではいずれも死語に近い存在ですが、それだけに、いま益軒の養生観や人間観に改めて目を向けることの意味と重さを感じます。

人は思い通りにならないものだ俗物は相手にしない

　およそ、人の心の同じからざるは、その面《つら》（顔）のごとし。世間の人ごとに、各々心変われる故に、人の為すわざ、我が思うごとくならざるは、人の心のありさまのかくの如しと思い、我が心にかなわざるとて、人を咎むべからず。

　これを堪忍していからず、言葉に出さざれば、無事にしてわが心安く、人にさわりなし。これ世に交わる道なり。


（『大和俗訓』巻之八）


日常の付き合いの中で、自分の思うようにならなくてイライラすることは少なくありません。どうしてこうなのかと理解に苦しんだり、不愉快になったりすることもしばしばです。

しかし思うようにいかないとしても、それは当たり前のことなのだと益軒はいうのです。人の心はその人の顔と同じようにそれぞれ違うのだから、自分の思い通りにならないからといっていちいち怒ったり、人を咎めてはならない、少しだけ我慢して言葉に出さないでいれば、万事はうまくいき、自分の気持ちも楽になり、相手にも支障がなく、これは世に交わる道だといいます。

そして、論語にもあるように、「君子はみずからを責めて人を責めず。故に善を己に求む。小人は人を責めて、みずから責めず。ゆえに善を人に求む」と、君子と小人を対比して、人に交わる道を説いています。

なかなか難しいことです。人はそんなに簡単に君子にはなれません。ですから、ここでは、君子という言葉を、聖人君子というような堅苦しいものとして考えずに、「賢く器の大きい人」くらいに緩やかに考えたらどうでしょう。些細なことで相手を責めたり、怒ったりする前に、一呼《ひと》吸おいて自分を冷静に見つめなおす余裕を持とうというぐらいに考えたらどうでしょうか。そうでなければ、いつもイラついたり、不満たらたらで大切な自分の時間を無駄にしてしまうことになります。この「一呼吸」ということが大事なことなのです。

益軒は、相手に道理に合わないことを言われそれに固執しても、これにまともに取り合って、こちらも言葉を荒げたり顔色を変えて怒ったり争ったりすることは、自分も相手の土俵に乗ってしまうことになり、相手と同じ小粒の人間になってしまうことなのだといいます。ですから、相手が自分の思うようにならないことにいちいち過剰に反応したりするのは、自分が損をすることになるのではないでしょうか。

世間に交わるとき、俗物や自分の思い通りにならない相手に過剰反応していたら、付き合いがうまくいかないことになり、結局自分の時間を無駄にすることにもなります。

これからは楽しみの人生を送ろうと思うとき、そんなことで大事なエネルギーと時間を浪費したくはないですね。人それぞれです。これは次項の「我も凡人、人も凡人」と多少重なりますが、はっきり言えることは、相手が自分にとってつねに十分満足のいく存在であることを求めるのを止めることが重要だということです。

処世術なんていらない。世渡り上手である必要もない。

自分も相手も不完全で未熟だということを、まず認めましょう。不完全なもの同士がそこそこの折り合いをつけていく最低限の知恵を身につけることも必要だろうし、しかし、それは八方美人になれということではありません。どうしようもない俗物との付き合いからはさっさと降りること、熟年の付き合いには、そうしたしなやかさと、時として明快な決断が必要だといえます。もちろん、それは自分を殺すことではないでしょう。必要な時は堂々と自己主張することも重要です。その自己主張が、先のしなやかさや懐の深さに支えられているとき、それは重い説得力を持つことになります。

そんな心情を物語る言葉に、多磨霊園で出会いました。墓碑正面に大きく書かれたその文字の迫力に感銘を受けました。

慈、悠、穏、誠、仁、泰、恕、和敬、和楽、清心

我も凡人、人も凡人と心得る
無理して君子などを目指さない

人の我に対し不義なるをば、凡夫なれば、かくこそあらめと思い、なだめゆるしてとがめざれば、人われに従いやすく、人そむかずとなり。君子の道を以ってかねにして、凡夫を一々ただせば、一もかねにあわず、一人も全き人なかるべし。かくのごとくすれば、人われに従わず、そむきやすし。ひがごと多きは、うき世のならいぞと思い悟りて人をとがめ、世を恨みざること、君子の心なり。

（『大和俗訓』巻之八）

＊凡夫＝凡人
＊かね＝基準、見本
＊ひがごと＝道理に合わないこと、間違ったこと

子路（孔子の弟子）は、自分の過ちを人が教えてくれるのを喜んだといいます。子路は「百世の師」であると程子（中国、宋時代の儒学者）は言っています。つまり、人を知ることは本当に難しいといわれていますが、自分の欠点を知ることはそれよりもっと難しいのだということになります。

これは言い換えれば、自分は完璧な人間などではなく、欠点をいっぱい持った普通の人間であることを知ることが大切だということでしょう。つまり、七十点でも七十五点でもいいのだ、ただし、そういう自分をよくわきまえることが大事だということになります。

また、同じく『大和俗訓』（巻之六）では、

人の目は、百里の遠きを見れどもその背を見ず。明鏡といえどもその裏を照らさず。離婁（りろう）が目明らかなるも、そのまつげをみることなし。ここを以って人知ありといえども、わが身の誤まりを知りがたし。故に、君子の学は、専らわが身を顧み、人のいさめ（諫め）を聞き用い、過ちを知りて改むるをむねとす。

と語っています。離婁とは中国古伝説上の人で超人的な視力の持ち主として語られている人物のことですが、ここで語られていることは、人が自分を知ることがいかに難しいことかということです。

先にもふれたように、『論語』に「君子はこれを己に求め、小人はこれを人に求む」という言葉があります。これを、すべて人は完璧な君子たれと読む必要はないでしょう。むしろ、人間は未熟で弱い存在だから、なるべくそうした自分を率直に認め、相手にも過剰な期待や要求をしない、そのことが大事だというふうに解釈してはどうでしょう。益軒が言いたかったのは、お互い

に未完成で未熟な人間同士であることを認め合うことから、ほんとうの人と人とのつながりは生まれるということでしょう。

社会的地位や、知名度、財力といったものはその人の人間としての価値とはまったくかかわりのないものです。そういう意味では、組織や既成の人間関係から少しずつ離れていく人生の午後の季節は、ほんとうの意味での、人のつながりを築くにふさわしい時であるといっていいように思います。

前項に続いて、私が多磨霊園で出会った言葉の一つを引いておきます。

それは墓碑一面に大きく書かれた、

「泡沫」

という言葉です。

なんと味わい深い言葉でしょう。

この世はすべて泡沫のごときものだと読むか、あるいは我が人生は取るに足らぬ泡沫のようなものだった、と読むのでしょうか。

ただ、そこには悲嘆や諦観のイメージは微塵も感じられません。墓碑に直接対面していると、むしろこの人生を、無名ではあったけれども自分の人生として堂々と生きてきたのだという、充足感のようなものを感じてしまうのでした。

地味な人生でも誰かがじっと見ていてくれる、無名であることは決してマイナスイメージでとらえることなどできない、そこにはそれぞれの充足があるのだと思います。

凡人で、泡沫の如き人生に十分満足し、納得のいく人生を送った故人の人生が偲ばれ、先の益軒の言葉を目にしたとき、この墓碑のことを思い出したのでした。

すべてに無理をしない
中庸を得れば楽になる

およそ、天下の道理は、過不及なき中にいたるが至善にして、是れ道のある所なり。食する一事を以って云わば、過不及なくよき程食らえば、身を養う。これ中なり。これ道のある所なり。過ぎれば脾胃を破り、不及なれば、身の養いたらず。これ皆中にあらず。

（『大和俗訓』巻之三）

＊脾胃＝脾臓と胃。当時は胃腸とほぼ同じ意味。

いまでも「過不及なく」「過不足なく」とか、「中庸」とかいう言葉は時折聞く言葉ですが、益軒もその重要性について強調しています。それは一見簡単なように見えて、実は容易に実践しにくいことでもあるからです。

益軒はまず、人間の心の内にある喜怒哀楽愛悪欲の「七情」がよきほどに過不及なくバランスがとれていることが重要だと語ります。たとえば、喜ぶべきときは大いに喜んでいいが、それが過ぎてはいけないし、怒るべきときも怒っていいが、その怒りが過ぎてはいけない。そのほかについても同じことで、ともかく七情に過不及なきことが心の和平を保ち、すべてがうまくいくことにつながるのだといいます。

ここまでは一見常識的なことのようにも思えますが、注目したいのは益軒が必ずしも必要以上の禁欲や抑制を説いてはいないということです。益軒というと頑なな禁欲主義者と考える向きもありますが、実はやみくもに欲求を我慢しろとは言っていません。たとえば、「七情は皆これ人情なれば、なくてかなわず。過不及なく、よき程なるは中なり。過ぎたるは尤も害多し、及ばざるもまた理に合わず」と、柔軟な姿勢を見せています。

さらに、このことは七情に限らず交友関係についても重要だとして、世に交わるときには、「和にして流れざるをよしとす」として、和すればうまくゆくし、流されなければ道を失うこともなく、「これ世にまじわるよき程の中道なり」といいます。また、先にもふれましたが、相手がいかに地位や身分が高くても決してその勢いに屈したり諂《へつら》ったりする必要はないし、相手が自分より低いと見ても決して侮《あなど》ってはいけない。あるいは高慢になることなく自分を卑下することはいいことだが、あまり卑屈になりすぎるのもよくない、卑下するにも過不及のないようにするべきだと続けます。ここでも過不及なきことが肝心です。

過不及なくとか、中庸を得るということは、一見簡単に見えてなかなか実践に結びつかないもどかしさも感じます。「そこまで聖人君子にはなれないよ」という声にもうなずけるところがあります。しかし、益軒は決して完璧な君子たれと言っているわけではありません。凡人の私たちにとって、所詮それはできないことですし、できないことに無理をすることはなく、それに、君子ばかりの世の中なんて窮屈に過ぎるし、せいぜい、そこに向かって努める、あまり無理はしない、少々欠点もあるが常識はわきまえている人物を目指す、そのほうが世の中の何事もうまくゆくし、楽しみの人生につながると思います。

先日多磨霊園を散歩していたら、こんな言葉に出会いました。

老いていま　過不足もなく　古茶淹《い》るる

なかなか味のある句だと思います。人生の秋を迎えたとき、こんな心境になれるよう、いまから無理のない、よきほど（益軒のいう「中」）を心がけて過ごしたいと思うのですが。

欲張らず、頑張らず、焦らず
自分の時間を取り戻す

老いにむかえば尚更に年月のはやく過ぎる事、あだかもとぶが如し。あとをかえり見ればいそじ（五十路）のよわいを過ぎこしも、さのみ久しからず。たといいそじの後、又いそじのよわい（齢）をへて、百年《もも》にいたるとも、猶ゆくさきの月日いよいよ早くして、程なく尽きなん事思いやられはべる。いくほどなき残れる齢を楽しみてこそ、過ぐさまほしけれ。うれい苦しみて、むなしく過ぎなんはいとおろかなりや。

（『楽訓』巻之上）

歳を重ねると、歳月の過ぎるのが早く感じられるのが、つねであります。それだけに残された日々をいかに過ごすかが重要なこととなります。

まず、定年を目前に控えたある会社員の新聞投書を見てみます。

定年退職を七月末に控え、少々落ち着かない日々を過ごすことが多くなった。（中略）現役ではなくなるのだからメリハリのある生活は難しい。充実感、達成感そして凛とした気持ちは維持できないのか。考え抜いたすえの生き方は、七十点にしようということに達した。欲張らず、頑張らず、焦ることなく。定年後は自分の意見も体力も、そして健康もすべて七十点主義とすれば、多少できるゆとりから、違う世界が見えると楽しみにしている。長い厳しい道のりが予想されるが、しっかり、ゆっくり歩いていきたい。

（「朝日新聞」二〇〇五年一月二十四日）

〝七十点の人生〟、素晴らしい着想です。私たちは「完璧な人生」という幻想に翻弄されてきました。そしていま、完璧な人生というものなどありえないということに気づいています。本当の自分の時間、自分の人生をいかに創り出していくかが問われています。

江戸後期の儒者、佐藤一斎の『言志四録』にこんな言葉がありました。

家に酒気なく、庫《くら》に余粟《よぞく》有り。豊かなれども奢《しゃ》に至らず、倹《けん》なれども嗇《しょく》に至らず。俯仰《ふぎょう》愧《は》ずる無く、唯《ただ》清白を守る。

（抄訳）家の中に酒はないが、庫には余分の穀物がある。ものは豊かであるが、決して贅沢ではない。また倹約に努めていてもケチではない。天にも恥じず、地にも恥じるようなことはなく、ただ清廉潔白を守っているのだ。

決して余分なものを求めず、また倹約には努めてもケチで惨めったらしいこともない、足るを知ることの余裕が語られています。先の投書者の、欲張らず、頑張らず、焦ることなくという言葉と、一斎の自足した清廉な日々を楽しむ言葉とはどこか重なるところがあるように思われるのです。

益軒は『楽訓』の中で、歳を重ねると、時の過ぎゆくのは「とぶが如し」と語り、たとえ五十歳を越えて、更に五十年生きたとしても、歳月の歩みは速くいずれ尽きるのだから、とにかく残った人生は楽しんで過ごすべきだ、いたずらに憂い苦しんで空しく過ごすことのないように、特に老年に向かう時期はそのことを心がけることが大切だと警告します。

さまざまな欲求を刺激するメディアに囲まれているいま、世間の雑音に惑わされず、欲張らず、頑張らず、焦ることなく、本当の自分の時間をどう取り戻すかが、課題となります。

いま書店には、「六十代をいかに生きるか」「七十代……」「八十代……」などの自己啓発本が溢れています。長寿の時代と生きづらき時代を反映しているように思います。そこから学ぶものも少なくないかもしれません。

しかし、大切なことはそれぞれが掛け替えのない自分の人生をいかに創り出していくか、誰のものでもない自分の人生の物語をどう編み出していくのかということであり、答えは溢れる本のなかにではなく、自身のなかにあると言えるのではないでしょうか。

速効性ばかり求めない「物差し」を変えてみる

何事もあまりよくせんとしていそげば、必ず悪しくなる。病を治するもまた然り。病あれば、医を選ばず、みだりに医を求め、薬を服し、又、鍼灸をみだりに用い、たたりをなす事多し。（中略）その当否をしらで（知らずに）、みだりに用うれば、誤りて禍いをなす事多し。是よくせんとして、かえって悪しくするなり。（『養生訓』巻第二）

すべてに速効性を求める、それが現代の大きな特徴の一つではないでしょうか。少し熱があるだけですぐ薬を飲む、太り気味や体調が気になるとやれダイエットだ、やれサプリだと騒ぐ、企業でも組織でも即戦力を求めたがる、そんな世の中です。

益軒は人間の性急さや必要以上に物事がよくなることを求めすぎる傾向に対して戒めの言葉を発しています。何事もあまりにもよくしようとして急げば、かえっておかしくなる、その具体例として病気のことをあげています。ひとたび病気になると、医者を選ばずしてみだりに治療を求め、薬を服用し、鍼灸、按摩、湯治などをみだりに用いて、害になることが多いと指摘し、その病状への適否をよく考えもせず、やたら治療に走るべきではない、と益軒は語ります。当時の医療の水準を考えると、当然の指摘です。

そして、あまりにも性急に事を運び過ぎると、必ず禍いのもととなるというのです。益軒は、「みだりに」という言葉を再三使っています。よく思案しないで、あるいはしばらく様子を見るという余裕もなく、やたら効能を求めるという悪い癖を指摘しているのです。

これは何も病気の場合に限りません。他のところでも、「万《よろず》のこと、あまりよくせんとすれば、返って悪しくなる」と同様なことを述べています。

ほどほどで満足せず、物事を必要以上によくしよう、速くしようとする、そのことがかえって何か大切なものを無くしてしまう場合もあります。ローマの哲学者セネカは、せわしなく動き回り、忙しさに追われる人々の営みや世相に対して、こう問いかけています。

> いかに多くの人々があなたから生活を奪い去ったことか——失ったものにあなたが気付かないうちに。いかに沢山なものが無益な悲しみや、愚かな喜びや、飽くことのない欲望や、こびへつらいの付き合いによって持ち去られたことか、（中略）彼らはますますよい生活ができるようにと、ますます多忙を極めている。生活を築こうとするのに、生活を失っているのだ。
>
> （『人生の短さについて』茂手木元蔵訳　傍点筆者）

飽くことのない欲望や忙しさが人々から生活を奪っている、とセネカはいいます。仕事や会社、あるいは雑事の忙しさと引き換えに、生活を失っているのは、まさにこの現代に生きる私たちでもあります。

効率性、業績優先、速効性など、組織やしがらみのなかで長年にわたって体に沁み込んだ意識や価値観から抜け出すのは容易ではないかもしれません。しかし、日ごろ漠然と感じていた疑問や問いが、やがて立ち現れてくる時期があります。

自分が生きてきた人生は、本当の自分の人生だったのか、これからはもっと違う生き方があるのではないかという問いは、人生のある時期に誰もが直面する問いかけです。そんな問いに向き合う時、既成の価値観から距離を置き、物差しを変えることによって、より広い視野から自分を見つめることができるようになります。見えなかったものが見えるようになり、昨日とは違う新しい風景が広がってきます。いわば「座標軸」の転換です。

「全てのことを、余りよくすることを求めない」「結果を性急に求めない」という益軒の警句は、今にも十分生きているように思われます。

先にもあったように、「ほどほど」「七十点」の人生でいいのではないでしょうか。

すべてに「控え目」を心がける「少欲知足」の知恵を学びたい

養生の要訣一あり。要訣とは肝要なる口伝《くでん》(口伝え)なり。養生に志あらん人は、是を知りて守るべし。其の要訣は「少」の一字なり。少とは万《よろず》の事皆少なくして多くせざるを云う。すべてつづまやかに、いわば、慾を少なくするを云う。慾とは、耳・目・口・体のむさぼり好むをいう。酒食を好み好色を好むの類なり。およそ慾多きのつもり(積もり)は、身を損ない命を失う。慾を少なくすれば、身を養い命を延ぶ。

(『養生訓』巻第二)

よき人生のために、しなやかな生き方を勧める益軒は、少欲知足ということを強調します。これは益軒の養生論のキーワードの一つといえるもので、その著作の随所で語られています。人はとかく口、腹、耳、目の要求する欲望に流され易く、それが様々な不幸や災いを招く元凶となる、したがって、その欲をいかに「少なく」するかが肝要なこととなるといいます。少の一字が肝要なのです。

そして、欲を少なくする目録を「十二少」として必ず守るべしと言っています。その「十二少」

の対象として食事、飲み物、味付け、色欲、言語、事、怒り、憂い、悲しみ、思い、睡眠などをあげ、こうした物事を減らし、控えめにすることが肝要なことだといいます。

もちろん、益軒は養生の勧めとして少欲知足ということを語っているのですが、益軒にとって養生ということは、健康長寿ということを超える深い意味を持っています。詳しくは後述しますが、養生ということは窮屈な禁欲を強いるというよりも、より豊かで生き生きした人生を送るためのプラス思考のテーマであるといってよく、それは禁欲というより寡欲のすすめであり、必要以上のものを求めないという考え方につながります。

かつてベストセラーになった詩集『求めない』の著者で、信州・伊那谷の自然のなかで暮らす加島祥造さんは、「求めない」という言葉について、「もう少し安らかに生きたい、リラックスしたい、そんな時、この言葉を自分に向けると楽になった。（中略）今の人たちは強く求めすぎて自分が苦しくなったり、求める世界だけに取り巻かれて自分を見失ったりしているのかな。自然のなかにいると誰も私を求めない。自然は何も求めないからね。求めない世界にいると自分も求める気にならない」（「朝日新聞」二〇〇八年二月七日）と語っています。

現代人は強く求めすぎて自分が苦しくなったり、求める世界だけに取り巻かれて自分を見失って不安になっているのかという問いかけには、深く共感できます。

益軒の言う「少欲知足」と、加島祥造の「求めない」という言葉がどこかで重なり、私たちに問いかけるところは決して小さくないといえるように思います。

ただ、欲を抑えるということはなかなか容易ではありません。先の佐藤一斎は、欲には大小があって食欲色欲などの大欲は自分でそれが分かるから、それに打ち勝つ事はできる、しかし、少欲はそれが欲であることには気づきにくく、これに勝つことは難しいと言っています。

これは重要な指摘です。大きな欲はなるべく抑えようとするが、そうでない欲にはつい流されてしまうことは私たちにもよくあることです。たとえば、つい無意識に余分なものを買ってしまったり、流行に安易に流されたり、足りないことに不満を募らせたりしてしまうのです。

無意識のうちに広告やCMなどにコントロールされているのかもしれません。いや、広告宣伝は人間の欲求を刺激し、購買行動に駆り立てる緻密な装置です。自分にいま必要なものは何か、自分をあらためて見つめ、身の回りを見直してみる、そこから「少欲知足」の意味を自分なりに考えてみたいと思うのです。

完璧主義を捨てる
少し不足気味がちょうどいい

凡《すべ》ての事十分によからんことを求むれば、わが心の患いとなりて楽しみなし。禍《わざわい》も是より起こる。又、人の我に十分によからん事を求めて、人の足らざるを怒りとがむれば、心の患いとなる。又、日用の飲食、衣服、器物、家居、草木の品々も、皆美を好むべからず。いささかよければ事たりぬ。十分によからん事を好むべからず。是皆わが気を養う工夫たり。

（『養生訓』巻第二）

すべてのことが完璧であり、完全に整っていることを求めようとすると、それが負担となって物事を楽しむことができない。余裕もゆとりもなくなるからです。

たとえば、日常の飲食、衣服、器物、住まい、草木などもきれいに整っていることを求めてはいけない、すべてある程度の満足が得られればそれでいいのだ、むしろ十分に満たされているよりも、少々不足気味の状態のほうが望ましいのではないかと、益軒は問いかけています。また、多少貧しくとも足ることを知る人は、富貴であっても不満を持つ人より幸せではないかといいます。

そして、物事が十分満たされていないことが、安楽な生活につながるのではないかと、「酒は微酔にのみ、花は半開に見る」という古い言葉を引いています。酒は十分に飲みすぎると楽しみは破られる、少量を飲んで少し不足気味のほうが楽しく、後の憂いもない、また花は半開で盛りでないほうが楽しめる、まもなく散ってしまう満開よりも、その前の方がいいのだという意味です。つまり、物事が十分に満たされているよりも、少し不足のある状態のほうが好ましいのだというのが益軒の主張です。

江戸後期の文人、神沢杜口は、その著『翁草』のなかで知足ということについて、「知足は不足のなかに在り、満足の人は、なお其の上を貪《むさぼ》る故に、知足を知らず、ただ士は銀《かね》もたぬがよし。」と書いています。（立川昭二『足るを知る生き方――神沢杜口「翁草」に学ぶ』）

ここでも、完全に満足している状態よりも、むしろ不足のなかにこそ満足があるという主張が展開されています。満足している人も更なる満足を求め、それが満たされないと納得できない、いったん欲望が充足されると更なる欲望にとらわれるという、際限なき連鎖の渦中にはまっていきます。

益軒もまた、「知足の理《ことわり》をよく思いてつねに忘るべからず。足る事を知れば貧賤にしても楽しむ」（『楽訓』）と言っています。

かつて日本を訪れて話題になった〝世界で最も貧しい大統領〟と言われるホセ・ムヒカは、以下のような示唆的な言葉を残しています。

「貧乏な人とは、少ししか物を持っていない人ではなく、無限の欲があり、いくらあっても満足しない人のことだ」

これは現代の消費社会を厳しく批判した言葉ですが、先の神沢杜口や益軒の語るところと深く響き合っているように思います。

益軒の本を読んでいると、「よきほど」という言葉にしばしば出会います。この言葉もまた、完璧主義とは対極にある言葉です。それは「いい加減に」と言い換えていいかもしれません。いい加減にというと無責任などというマイナスイメージを伴いますが、「程良く」とか「適度に」という意味でもあります。

もっと肩の力を抜いてはどうでしょうか。百点の人生を目指し、あくせくするよりも、七十点程度を目標にゆとりある日々を送るほうがはるかに幸せではないでしょうか。

アメリカの心理学者タル・ベン・シャハーは完璧主義者と最善主義者という示唆的な提言をしています。

完璧主義者と最善主義者

〈完璧主義者〉

・失敗を拒否する

・つらい感情を拒否する

・成功を拒否する
・現実を拒否する
〈最善主義者〉
・失敗を受け入れる
・つらい感情を受け入れる
・成功を受け入れる
・現実を受け入れる

（『ハーバードの人生を変える授業』）

この「完璧主義者」と「最善主義者」を「百点の人生を目指す人」と「七十点の人生で良しとする人」と読み替えてみるのもおもしろいと思うのです。

地味な人生でも、誰かがじっと見ていてくれる「愚直」という価値を見直す

我が身にいかなる才能善行ありとも、口に出して誇るべからず。その才能に誇れば、その才能を失い、その善行に誇れば、その善行を失う。惜しむべし。我が身を誉めざれども、わが良きも悪しきも、人の心に知るものなり。

（『大和俗訓』巻之五）

世の中には華々しい人生もあれば、地味で静謐な人生もあります。華々しい人生は多くの人の注目を集め、賞賛されたりします。地味な人生は世の光を浴びることもありません。

しかし、華々しい人生がそのままその人にとって真に豊かな人生であるとは必ずしも言えないだろうし、地味な人生が充足した人生でないとは言えません。問題は世間の評価や外見などではなく、その人にとってどうなのか、納得できるものであるのかどうかということです。他からどうこう言われるものでもないでしょう。

益軒は、自分のことがたとえ人に知られずとも、それはいっこうに構わない、自分の善行や長所や才能が人に知られなくても、自分から決してそれを口に出してはいけないと言います。その才能を誇ればその才能を失い、その善行を誇ればそれを失うのだと言います。

それほどの才能もあるとは思えない人物が、やたらもてはやされたり、ちょっとした偶然で有名になったりすることはよくあることです。しかし、著名であることとその人の才能や人格とは別のものであることが少なくありません。

だから世に知られずともいっこうに構わないのだと益軒は言います。「我が身ほめざれども、わが良きも悪しきも、人の心に知るものなり。人知らずとも、わが身の徳に害なし」と書き、いいことも悪いことも、いつかは必ず人の知るところとなるのだと言います。

出しゃばりや目立ちたがり屋はいつの世にもいます。私たちの身の回りにもたくさんいるし、テレビを見ていると芸能界はもちろん、識者といわれる人物から政界まで、その例に事欠きません。しかし地道に堅実に生き、見習うべき人生を歩んでいる人は少なくありません。むしろ大半がそういう人たちです。

益軒はそういう人たちへの応援歌を謳っているようです。

先頃、こんな新聞の投書を目にしました。「五月晴れに父を思う」と題されたこの投書は三十八歳のある女性からのもので、父は長時間勤務、低賃金で家族を支え、たいした出世もせず、涙もろく不器用な人だったが、その死後、その良さ、凄さがじわじわと伝わってきたと次のように書いています。

「死後、家族に強く残されたのは、〈正直であること〉〈他人や家族を深く思いやること〉〈人様に迷惑をかけないよう努めること〉といった父の美質の記憶だった。そしてその実行の難しさから、父のすごさが身に沁みることとなった。（中略）私はまだ遠い父の背中を追い、託された荷物を子どもたちに伝えなくてはと、五月の青空に身を引き締めさせられるのだ。」
（「朝日新聞」二〇〇四年五月十一日朝刊）

素朴で平凡だが、地道に謙虚な生き方を貫いた父の姿を、娘はしっかりと見つめていました。人が真摯に生きる姿は誰かが見ているものであり、それぞれに感動を呼ぶものでしょう。効率と業績のみが評価され、世渡りのうまい人物のみがもてはやされているように見えるこの時代です。しかしそれを見透かし、見つめる深い目もあります。これからの時代には自分の生き方を愚直に湿しく貫くことに深い意味があるように思われます。

肩の力を抜いて、自分のペースで、スローにまいりましょう。

『東京多磨霊園物語』の執筆のために著名人たちの墓碑を訪ねて歩いたとき、どうしても気になった無名人の墓碑に刻された珠玉のような言葉に出会いました。その幾つかはすでに取り上げましたが、以下、本章にかかわりのあるものを少々付記しておきます。

★俺らの世は　欲しがるものは　真心で　是さえあれば　何もいらぬ
★名月や銭かねいわぬ世が恋し（岡野知十）

★桃李《とうり》もの言わざれども　下自《したおのず》から蹊《みち》を成す（『史記』「李将軍伝賛」）
★人のお世話をするように　人のお世話にならぬように　そして報酬を求めないように
★天晴れて　太平洋に　ざこを釣る

本章を書いていて気になったのは、最近しばしば耳にする「ネガティブ・ケイパビリティ」というフレーズです。それは「消極的能力」あるいは「消極的受容力」などと訳されますが、帚木蓬生によると、「答えの出ない事態に耐える力」「事実や理由を性急に求めず、不確実さや不思議さ、懐疑のなかにいられる能力」を意味すると言います。

私たちには、全ての問題には正解があり、それを一刻も早く求め、解決することが必要なのだという根強い思い込みがあります。タイパという時流がそれを加速させます。社会全体がそういう思い込みや時流に流されるとき、私たちは強い風圧や生きづらさを感じます。

しかし、そういう完璧主義や拙速主義には問題があります。この現実世界には正解のない問題もあるし、分からないことがあるのが当たり前という余裕と強靭さが必要であると言えます。

本章で取り上げてきた「器量の人」「凡人を生きる」「無理のない人生」「即効性を求めず」「完璧主義からの脱却」「愚直という価値」など、益軒が語った言葉が、ネガティブ・ケイパビリティという言葉と、どこかで響き合っているように思えます。

第三章　養生は「文化」だ

～無病の時こそ、病を思え

「養生」は人生第一の大事なり
養生は「文化」だ

人の身は父母を本とし、天地を初めとす。天地父母の恵みをうけて生まれ、又養われたる我が身なれば、我が私の物にあらず。天地のみたまもの（賜物）、父母の残せる身なれば、慎んでよく養いて、損ない破らず、天年を長く保つべし。（中略）人身は至りて貴《たっと》く重くして、天下四海にも代えがたき物にあらずや。

（『養生訓』巻第一）

「人の身は父母を本とし、天地を初めとす」――『養生訓』書き出しの一節です。これを含めた前掲の言葉には、益軒の養生観、健康観、人生観、世界観などが凝縮しているように思います。

益軒は人間の体は、その人のものではなく、天地の賜り物であると言います。ですから、養生というのは自身の健康や長寿を目指すためのみのものではなく、天命に従うものであるから、その意味は計り難く重いものとなります。然しながら、――と益軒は続けます。

然るにこれを養う術を知らず、慾を恣《ほしいまま》にして、身を亡ぼし命を失うこと、愚かなる至りなり。（中略）よろずの事つとめてやまざれば、必ずしるしあり。たとえば、春種をまきて夏よく養えば、必ず秋ありて、なりわい多きが如し。もし養生の術をつとめ学んで、久しく行なわば、身強く病なくして、天年をたもち、長生きを得て、久しく楽しまん事必然のしるしあるべし。（前掲書）

＊なりわい＝実り、収穫
＊しるし＝効果、効能、霊験

しかしながら、この養生の基本を知らず、欲望のおもむくままに行動し、健康を害し、身を亡ぼすことになるのは情けないことだと語ります。養生の基本を知り、その術を学べばその効果が現れて、人生を楽しむことができると説くのです。

単なる健康長寿法ではなく、養生の本質的意味を知り、行動の基本にすることが、豊かな人生を保証するのです。

長寿社会と言われる現代では、さまざまな健康法や長寿法がメディアに溢れていますが、そこでは、養生ということの深い意味や人生観が限りなくやせ細っているように思えます。

益軒の生きた時代、江戸期には、人々はもっと豊かな養生観を持っていたようです。

医学史に詳しい立川昭二さんはこう書いています。

養生というと、今日では主に病後の手当て、或いは保養や摂生のこと、時には建築物などを保護する意味で使われているが、江戸の人たちにとって養生とは単なる病後の手当てや病気予防の健康法ではなく、じつはもっと広く深い意味を持っていた。それは現代流行の健康法という狭い意味ではなく、人の生き方にかかわる事柄であり、どう生きるのか、何のために生きるのか、という人生指針であった。その意味で、養生という理念は江戸を生きていた人びとが共有していた一つの「文化」でもあった。

（『養生訓に学ぶ』）

健康ブームと言われる今日において、養生は単なる健康長寿のためのものではなく、「養生は人生観だ」「養生は文化だ」という言葉は重い。そういう意味で、いま、『養生訓』を読み直す意味は決して小さくないと思われます。

過度に医療や薬に依存しない、あふれる情報に翻弄されないということが極めて重要な意味を持つことになります。次にその一つの知恵として、「自然治癒力」ということについて、益軒の言葉を聞いてみます。

自然治癒力という宝刀を生かす
体を可愛がることが体を衰弱させる

薬をのまずして、おのずから癒ゆる病多し。是を知らでみだりに薬を用いて、薬にあてられて病を増し、食を妨げ、久しく癒えずして、死に至るもまた多し。薬を用うる事慎むべし。

（『養生訓』巻第七）

いま、私たちはさまざまな薬に囲まれて、その恩恵に浴しています。薬だけでなく健康食品やサプリメントも多彩です。

しかしそうした利便性が逆に薬に依存し過ぎたり、やたら健康情報に振り回されるといった現象を生んでいるのではないでしょうか。そして、本来私たちの身体に備わっているはずの自然治癒力の影を薄くしてしまっているのではないか、そんな疑問を感じたりすることがしばしばです。

益軒は薬に対する豊富な知識を持つことでも知られており、その著『大和本草』は日本の博物学、薬学の基礎を築いたものともなっています。そうした益軒ですが、人々の安易な薬依存には厳しい目を向けているのです。そして、薬や医療の前に人間の持つ自然治癒力を重視すべきだと繰り返し強調しています。

益軒はまず、薬を飲まないでも治る病気は多いといい、このことを知らないでみだりに薬を用いて薬に当てられ、逆に病を悪くしたり、食を妨げたり、長く回復せず、ついには死にいたることも多いと言ってます。だから薬の使用はあくまで慎重であるべきだ、というのです。たしかに益軒の時代には医学も未発達で、怪しい民間療法や薬があったことも事実です。ただ益軒はそういう危険な療法や薬に手を出すことだけではなく、とにかく安易に薬に頼ることを戒めているのです。

そして、「ただ、保養をよく慎み、薬を用いずして病のおのずから癒ゆるを待つべし」と述べ、そうすれば薬の毒にあたるようなこともなく早く快癒する病気も多いのだと主張しています。「おのずから癒ゆる」ということは、自然治癒力が働くということです。益軒は薬の専門家であったがゆえに、『養生訓』では薬の効用や使用法について相当のスペースを割いています。その益軒が、みだりに薬に頼るなと言っているのです。

さらには病気の治療のためにのみでなく、長命長寿のために薬に依存することをたしなめて、長寿のための養生はあるが、長生きの薬はないと言っています。

整体法の創始者として知られる野口晴哉氏は、次のように語っています。

最近の病気に対する考え方は、病気の恐い事だけ考えて、病気でさえあれば何でも直してしまわなくてはならない、しかも早く直してしまわなければならないと考えられ、人間が生きていくうえでの体全体の動き、あるいは体の自然というものを無視している。

（『風邪の効用』）

この言葉は益軒の自然治癒力の尊重ということと、そのまま重なります。

私たちはいま、ちょっとした体の不具合や不調に即座に対応してくれる医療や薬品に恵まれています。状態によってはしばらく様子を見るとか、少しの我慢や待つということもなく、安易に薬や医療に頼っているようにも思われます。

もちろん、一定の症状に対する的確で有効な薬や医療は欠かせません。また、ストレスや運動不足に陥りがちな現代人にとって、健康法や薬への関心は当然のことでしょう。しかし、とかく効果の速効性を求めたり、回復をあせったりすることは問題です。体を可愛がりすぎることが、逆に体の持つ大きな力、生命力を衰弱させていることにならないか、益軒の言葉はそうした現代人をたしなめているようです。

小浜逸郎さんは健康神話に翻弄される現代人の行動を、自己目的化した「健康幻想」として批判しています。

育ち盛りの子どもたちの健康に神経を使うのは当然だとしても、私たちいい年をした大人が、自分たちの健康維持を一種の自己目的として、そのために過剰な神経を使うような文明社会の大げさぶりは、どこかおかしい。

というよりも、（一部略）何のための健康なのかが忘れられて、〈健康維持〉という題目だけが一人歩きし、一つの宗教的な〈お札〉と化してしまっているのだ。

では、その健康維持のためにたくさんの時間や金を費やし、そのために長生きが実現したとして、その長生きして得た時間で何をするのだろか。やっぱり健康維持のために時間や金を費やし続けるのだろうか。

（『死にたくないが、生きたくもない。』）

そして小浜さんは、健康や治療のために私たちは生きているのではない、健康維持や治療はあくまで充実した毎日を送るための手段に過ぎない、そのことを忘れてその手段が自己目的化したとき、その維持できた健康を枠組みにして何をするかということが忘却されてしまう、そして、そうした「健康幻想」にすべての意識や行動が向けられてしまうと書いています。「健康幻想」という指摘はきわめて重大な問題提起であると思います。

私は小浜さんの以上のような言葉に共感するところ大ですが、皆さんはどうでしょう。

毎日、洪水のように押し寄せる健康幻想や若返り志向を刺激し、加速させる広告やＣＭ、それに圧倒される人々、そんな現実に目を向けるとき、改めて健康とは何か、養生とは何か、老いるとはどういうことか、という基本に立ち返ることが喫緊の課題であるように思います。

もっと素直に自分の体と向き合い、その力を信じることが肝要であるといえます。

未病を治す「勝ちやすい相手」に勝つ

聖人は未病を治すとは、病いまだおこらざる時、かねて慎めば病なく、もし飲食・色慾などの内欲をこらえず、風・寒・暑・湿の外邪をふせがざれば、其のおかす事は少しなれども、後に病をなす事は大にして久し。

孫子が曰く、「良く兵を用いる者は赫々《かくかく》の功なし」。云う意《こころ》は、兵を用いる上手は現われたる手柄なし、いかんとなれば、兵の起こらぬさきに戦わずして勝てばなり。（中略）病の未だ起こらざる時、勝ちやすき欲に勝てば病おこらず。良将の戦わずして勝ちやすきに勝つが如し。これ上策なり。是れ未病を治するの道なり。（『養生訓』巻第一）

益軒は未だ病に至る前、つまり日常の生き方が大切であると語ります。つまり、慎みある生活が病を未然に防ぐのです。それは益軒の養生観から出た重い言葉です。一見今では常識的なことに見えますが、益軒がそれを強調するのは人にはそれを守れない弱さがあるからです。

また、体の健康をよく保つ者は「いくさ（戦）上手」と同じだと語ります。そして、ここで益軒は「未病を治するの道」、つまり「病気にならない体」を作る心構えとして、兵法の祖・孫子の二つの言葉を引いています。一つは、「優秀な指揮官には華やかな戦果がない。なぜなら、優秀な指揮官は、戦いの起る前に戦わずして勝つからである」という言葉。そしてもう一つは、「昔から、よく勝つものは勝ちやすい相手に勝つ」という言葉です。

つまり、「優秀な指揮官は、勝ちやすい相手とは戦う。しかし、勝ちにくい相手とは戦わずして勝つ。これすなわち、いくさ上手の理《ことわり》である」というわけです。

益軒は養生の道もこれと同様であり、よき養生を心がける人は、このような指揮官と同じではないか、といいます。

益軒のいう養生での「勝ちやすい相手」とは「私欲」、「勝ちにくい相手」とは「病気」です。私欲を抑制できなければ、大病を引き起こし、予期しない深い悲しみと苦しみを味わうことになり、一旦病気にかかれば、「病苦のみならず、痛き針にて身をさし、あつき灸にて身を焼き、苦き薬にて身を攻め、食いたきものを食わず、飲みたきものを飲まずして、身を苦しめ、心をいたましむ」と、益軒は細かく説き語っています。

欲に負けつづけた末に病気になってしまったばかりに、鍼灸治療の苦しみに耐え、苦い薬を飲み、食べたいものも食べられず、飲みたいものも飲めない……そんな生活が待っているというのです。

もちろん、病気を防ぐためとはいえ、私欲に打ち勝つのも容易なことではないでしょう。しかし、ひとたび病魔に冒されたら、それと戦い、勝つことのほうが大変なのです。「負け戦」すら覚悟しなければなりません。

だから、日々、「勝ちやすい相手」である私欲と戦うようにしていれば、自然と、勝ちにくい相手」である病気との戦いを回避できる、つまり「戦わずして病気に勝利できる」ということになります。

現代では、さまざまな欲望を誘発するメディアはますます強力になりつつあり、見る者を圧倒します。そうした情報環境が進めば進むほど、益軒の語った言葉はますます重要なものとなってきます。

「畏《おそ》れ、感謝する」気持ちを持つ
「生かされている」という謙虚さを忘れない

身をたもち生を養うに、一字の至れる要訣《ようけつ》あり、是を行えば生命を長く保ちて病なし。（中略）其の一字なんぞや。畏《おそるる》の字是なり。畏るるとは身を守る心法なり。事ごとに心を小にして気にまかせず、過ちなからん事を求め、常に天道を畏れて、慎み従い、人慾を畏れて慎み忍ぶにあり。是畏るるは、慎みにおもむく初めなり。

（『養生訓』巻第一）

畏れ、感謝などという言葉を持ち出すと、どこか古臭いモラルを持ち出したように思われるかもしれません。しかし、いまやこの言葉は全く新しい問いを含みつつ、私たちに語りかけてきます。たとえば、人々にもっとも関心のある健康問題、そして深刻な環境問題、あるいは破綻する人間関係、そうしたきわめて今日的な問題とそれは密接に繋がっていると考えられるからです。

まず、冒頭に引いた益軒の問いかけから見てみます。

健康を保ち、養生のための重要な一字がある。この字を実践すれば生命を長く保ち、病気にかかることもない。ではその一字とは何か。それは「畏」の一字である。畏れるとは自分の体を守るこころのありようなのである、とこのように益軒は語り始めます。

　そして物事を感情や気分に任せず、過ちのないように願い、つねに天道を畏れて、慎み、欲望を慎むことが肝要であり、畏れることは慎む心を生み出すことだと語ります。

　ここで「天道」とは天地自然のすべてを統括する存在であり、自然のシステムを支配し、保つ存在といっていいでしょう。そうして天地自然に対する、人間存在の謙虚さを益軒は強調しているといえます。

『大和俗訓』の中でも、人間は天地自然の中に生を受け、その中で生きている、その自然の恵みを享受してその命を長らえている、そのことを忘れてはいけないと言っています。それは食だけではなく、私たちは意識していませんが、呼吸の重要性についても然りです。後でもふれますが、体内の気と自然の気とはつながっており、呼吸は生命維持に不可欠なものです。それは自然と人間の深い交流の営みなのです。

　ある山村の人たちは山菜や山芋などの収穫のため山に入るとき、両手で拍子を打って山の神を拝んでから入っていました。自然と出る、それを司《つかさど》る神への畏敬、自然の恵みへ感謝の表現です。かつて人々はそんな謙虚さを持っていたのです。

　つまり自然の中で生かされているという畏敬の念がそこにはありました。そうした畏敬の念や謙虚さを忘れた私たちは、相次ぐ大きな災害で自然の脅威や文明のひ弱さについて、いやというほど思い知らされました。私たちに多くの資源を提供し、今日の繁栄を支えてくれた自然が、あたかも人間の支配下にあるというような錯覚に陥り、いつしか傲慢になっていた人間という存在が、あるいはそこに築かれた文明が、いかに脆弱《ぜいじゃく》なものであるかという事実を決して忘れてはなりません。科学万能神話の崩壊です。

自然とともにある、生かされている、という教訓や謙虚さを忘れて暴走すれば、必ずその報復を受けます。地球温暖化などの環境問題、資源問題、食糧危機、食の安全、健康問題、そしてまた震災や自然災害など、今日私たちが直面する諸課題が問いかけるところは深刻です。欲望の赴くままに欲望を満たしたり物を粗末にすることは自然への冒涜なのです。

欲を抑制できなければ体を損なう、養生の基本が畏《い》れにあるとはそういうことです。そして養生のためのみならず、一人ひとりが天道（万物を支配する天の道理、自然の摂理）への畏敬の念を持ち感謝する気持ちを持つことが、一人ひとりの人間にとっても、人類全体にとっても、よき未来の創造につながることになるといえます。益軒はまるで今日の諸課題を見通したように語りかけています。

生かされているという言葉について思索しているとき、瀬戸内寂聴さんの「縁」という言葉に出会いました。寂聴さんの言葉から、その一部を引いておきます。

私たちは自分のことをとるに足らない、小さな存在と思って軽んじていますが、大きな編み物の一部だと考えれば、その網みの目は一つたりともおろそかにできない、大事な存在です。一つ一つは小さくとも、それがなければ、全体はなりたちませんし、また編み物という全体がなければ、一人一人の人間も生きていけないのです。

（『老いを照らす』）

つまり、全体と個、個と個を結びつける、それが「縁」ということになります。

「縁」は私たちの目に見えるもの、見えないものを含めて無数にあり、そのすべてを見定めることは、人間にはとてもできません。

私たちが生きて、暮らしていけているのも、無数の「縁」のお計らいです。

私たちは「縁」に生かされている。このことを忘れ、自分の才や財におぼれると、人も社会も腐ります。

（前掲書〈中略〉）

ともかく、人は独りではないのだ、何かの縁に生かされているのだという指摘には重いものがあります。益軒と響き合うところがあるように思われました。

たかが呼吸、されど呼吸
ゆっくりと、深い呼吸が、元気を養う

人の腹中の気は天地の気と同じくして、内外相通ず。人の天地の気の中にあるは、魚の水中にあるが如し。魚の腹中の水も外の水と出入りして同じ。人の腹中にある気も天地の気と同じ。されど腹中の気は臟腑にありて、古くけがる。天地の気は新しくして清し。時々鼻より外気を多く吸い入るべし。吸い入るところの気、腹中に多くたまりたる時、口中より少しずつ静かに吐き出すべし。荒く早く吐き出すべからず。

（『養生訓』巻第二）

呼吸は人間にとって、欠くことのできない生命維持装置です。その重要性について人々は十分に知りつつも、あまりにも当たり前すぎて、それを意識することがありません。体調を崩して息が苦しくなったり、息が荒くなったりしてはじめてそのことに気づきます。

益軒は呼吸の持つ深い意味とその重要性について改めて指摘しています。呼吸の呼は出る息で体の中の空気を外に出すことであり、吸は入る息で外気を吸うことであり、つまり呼吸は人の生気であります。そして、人の腹中の気は呼吸を通じて天地の気（万物を生成する天地の気、精気）

とつながっている、それは魚が水中にあるのと同じだといいます。

　一見当たり前のことのようですが、益軒は人が天地の中にあり、呼吸という営みを通じて天気（天の気）とつながっているのだということを強調しています。つまり、呼吸が単なる空気の出し入れではなく、人間と自然の深いかかわりの中にあるということは、先に見たように人間の自然に対する畏敬の念と謙虚さの重要性とも重なります。

　いったん腹中に入った空気は体の中で古くなり汚れてくる、そのために外の新鮮な空気と入れ替えなければならなくなる、そのためには呼吸法が重要になります。呼吸が単純な空気の出し入れでなく、気を養うという重要な営みであるからです。そして具体的な呼吸法について語っています。以下、簡略化して述べます。

　まず、外気は十分に吸い込み、体中に満たされたあと、口から少しずつゆっくり静かに吐き出すこと、決して荒々しく吐き出してはいけません。具体的にはまず体を上向きにして横たわり、足を伸ばし、目を閉じて手をしっかりと握り、両足を十五センチぐらい開いて、両肘と体との間も同じく十五センチくらい間隔を空ける、その状態で静かに呼吸を行います。そしてあくまで気を安らかにして、ゆっくりと行うことが肝心で、決して性急にしてはいけないといいます。

　呼吸のポイントは、吸うことより吐くことを重視し、これに時間をかけることです。わたし達は、吸うことには注目するが、吐くことをあまり意識しないようです。

　益軒のいうところのポイントは、呼吸は天気（天の気）とつながっている人間の営みであること、そしてそれは性急に荒々しくなく、吐くことを重視しつつ、静かにゆっくりと、そして深くするということです。その根底には、先にもふれたように人は自然の中、天気の中で生かされているという考え方があります。だから呼吸はそうした天気を感じ、天気とつながる重要な営みということになります。

呼吸には自律神経の交感神経と副交感神経のバランスを調整する働きがあるといわれています。そのバランスが精神の安定をもたらします。よき呼吸は体のみならず、心の安定のための不可欠の条件となります。現代医学でも、そのことの重要性が強調されています。ストレスや過度の緊張感を減衰するためにも呼吸法が重要なのです。

何かとせわしない現代の世相の中で、よき呼吸とはなにかということに注目し、それを実践することの意味は決して小さくないといえます。

丹田《たんでん》（へその下）に、気をおさめる
なぜ日本語には「腹」を使う言葉が多いのか

臍下《せいか》三寸を丹田《たんでん》という。人の一身の気を常に丹田におさめて、胸にあつむべからず。是気をおさむる良法なり。人に交わり、事に応じ、ものを云うに、まず心を静かにして、気を丹田におさめて、物を云い、事をなすべし。これ気の本《もと》を立つるなり。本立てば力ありて道生ず。しからずして、気のぼりて、胸に集まれば、心動き騒ぎておさまらず。この時もの言い、ことをなし出だせば、力なくて必ず誤り多し。（中略）気を胸に集めずして吐き出し、丹田におさむること術者の言に似たりといえども、よく習いなせば、甚だそのしるし（効果）を得ることあり。物を言いわざをつとむるに、気をおさむる良法なり。

（『大和俗訓』巻之八）

へその下には、「丹田」というツボがあります。もともと丹田とは、道教において不老不死の丹薬を栽培する田んぼという意味で、東洋医学ではここは身体の精気が集まるところとされています。

この丹田に気を収めることが何より肝要であると益軒はいいます。もし気がそこに収まらず胸に集まるようなことがあれば、心が騒ぎ、そのコントロールができず、過ちを招くことになるというのです。

益軒は呼吸法、調息法としてこの丹田の重要性を強調しています。つまり、浅く、忙しく、胸で呼吸するのでなく、呼吸を整えること、深く、静かに長く呼吸することが肝要であるということは先にも述べました。そして、そのためには深く丹田に気を集めることが重要なこととなります。

しかし、ここでは単なる呼吸法に留まらず、自らの行動や判断を冷静に保ち制御するための養生法として、丹田に気を集めるということの意味を語っています。

つまり体の養生はこころの養生と別のことではなく、一つのことであるというのが、益軒の真意なのです。それはメンタルヘルスを含んでいるのです。

「腹のうち」「腹中」「腹をよむ」「腹を割る」「腹を据える」「腹が太い」「腹をさぐる」「腹に収める」など、日本語には「腹」を「心」の意味に使う言葉が多く見られます。

日本人にとって腹は心であります。つまり、体の中で腹を重視するのは、腹と心を分かちがたく考えている日本人のメンタリティの特質を表しているといえます。

こうしてみるとなおのこと、へその下の丹田に力を込める、気を集めることが、単なる呼吸法、体の養生法としてのみならず、こころの養生法として重要であると考えられます。それはまた、最近よく耳にする「マインドフルネス」という言葉への連想を誘います。

益軒は、養生の四要として、怒らず、心配せず、口数を少なくし、欲を抑えるという四つを挙げ、それが心の平静を保ち、気を養う道だと語っています。こうした、いわば感情のコントロールのためにも、腹を据える、腹に収めるということは重要な知恵であり、それは、「丹田に気を集める」ということにつながります。どのような事態に陥《おちい》っても、感情的に反応するのでなく、まず一呼《ひとこ》吸《きゅう》置き、腹で受け止めることが何より肝心であり、それが冷静な判断と適切な対応につながるのです。

いま、この混沌とした時代状況のなかで、極めて厳しい経済状況のなかで、そしてまた感情を深く揺さぶられるような事件が頻発する世相のなかで、私たちは翻弄され、ストレスが蓄積されていきます。頭に血が上ることも少なくありません。そうしたなかで、心の平静を保つことは生易しいことではありません。しかし、少しでもそれに近づき、しなやかさを保つという生き方は不可能ではないでしょう。

そんなとき、この「丹田に気を収める」ということの深い意味を知り、日常の場で実践することは、たとえささやかではあっても、一歩前へ進むことにつながるといえます。頭や胸でなく、腹で受け止めるコツが重要なのです。

体と心の深い繋がり、それが、益軒が強調したかったことであります。

「撫《な》でる、揉《も》む」は健康のカギ

第二の心臓・足裏に注目

『入門』に曰く、導引《どういん》の法は、保養中の一事なり。人の心は、常に静なるべし。身は常に動かすべし。終日安座すれば、病生じやすし。久しく立ち、久しく行なうより、久しく臥し、久しく座するは、尤も人に害あり。導引の法を毎日行なえば、気をめぐらし、食を消して、積聚《しゃくじゅ》を生ぜず。

（『養生訓』巻第五）

＊『入門』＝明代の医学者李挺の著書『医学入門』
＊積聚＝腹部の激痛

益軒が紹介した数々の養生法のうち、導引《どういん》という一種の健康体操、マッサージ術があります。これは呼吸を整え、体を動かし、関節を鍛え、あるいは体を摩擦する健康法ですが、益軒はこの導引を毎日行えば気をめぐらし、消化をよくし、腹部の激痛を起こさないなどの効能を述べ、その方法を具体的に述べています。それは詳細にわたるので、端折ってみてみます。

まず、朝起きて両足を伸ばして濁った空気を吐き出し、左右の手で首筋をかわるがわる押す。

次に両肩を上げ首を縮め、急にこれを下げる。これを三回繰り返す。そして顔を両手でなでおろし、鼻を両手の中指で六，七度なで、耳を両指でなでおろし、腕組みをして上半身を左へ捻るときは頭を右へ回し、右へ捻るときは頭を左へ回す、これを三回、続いて左右の腰の上をわき腹からなでおろし、両手で腰を指圧し、腰の上下を両手で何度もなでおろす。

そして両手で臀《しり》を十度ほどたたく。次に股や膝をなでおろし、両手を組んで膝頭の下を抱え左右の手を手前に引きつける。そして、足の五指を片手で握り、足の裏の湧泉《ゆうせん》の穴（土ふまずの中心）を十回ほどなでる。両足の親指をよく引き、残りの指をひねる。朝夕にこれを行うと、気がよくめぐり体によい。

いささかくどくなりましたが、以上が益軒の勧める導引の概要です。ここでのキーワードは「なでおろす」で、体のあちこちを頻繁になでおろすことが重要なのだということです。

また、ここでとくに注目したいのが足です。足の甲や足の裏をなで、足の指を握り、引っ張り、ひねり、動かすこと、そのことが気をめぐらし循環させる方法として効果があるのだといいます。

通常、私たちは手のひらや手の指には注目し、握ったり、引っ張ったり、揉んだりして、その重要性は熟知していますが、足の裏や足の指にはとかく目が届きません。しかし、実はこの足の裏にこそ注目されるべき養生の秘訣があると、益軒はいうのです。

足の裏は第二の心臓とも呼ばれ、現在でも足裏健康法、足モミ健康法として実践されています。足の裏にもツボがあり、それが、頭、目、首、心臓、肝臓、リンパ腺など体のあらゆる部分とつながっており、そのツボを刺激することが重要で、それは、血液の循環を促し、疲労を取り除き、内臓機能を活性化させる効果があるとされています。

益軒は、この足の裏に注目することや、なでることの意味について早くから強調していたということができます。薬や医療に安易に頼る前に、まず自分でやれることをやるというのが益軒の立場ですが、この方法は一人で簡単にできることであり、習慣化すれば、健康法として大きな効果が期待できるということになります。それはまた、メンタルな効果も伴うものです。

現在、さまざまな健康法やサプリメントなどが知られていますが、なでることの効果や、日ごろあまり注目されていない足の裏や指という地味な存在に、実は健康の大きな鍵があるのだということも益軒から学ぶ知恵の一つであるといっていいでしょう。

いわば日陰の存在であり、脇役であった足と指、そしてなでるという平凡な行為が、実は健康と養生のための重要な主役だということに、もう一度目を向けてみてはどうでしょうか。

気をめぐらし、体を動かす
流れる水は腐らない

百病は皆気より生ず、病とは気やむ也。故に養生の道は気を調《ととの》うるにあり。調うるは気を和らぎ、平らかにするなり。凡そ気を養うの道は気を減らさざると、ふさがざるにあり。気を和らげ、平らかにすれば此の二つのうれいなし。
（『養生訓』巻第二）

養生の術は、つとむべき事をよくつとめて、身をうごかし、気を廻らすをよしとす。つとむべき事をつとめずして、臥す事を好み、身を休め、怠りて動かざるは、甚だ養生に害あり。（中略）わが郷里の年若き人を見るに、養生の道を知らで放蕩にして短命なる人多し。
（『養生訓』巻第一）

人の生命活動の根源である「気」については先にもふれましたが、ここでは養生との関わりに注視しながら、益軒の健康観、養生観について見ていきます。

中国の養生思想では、人間は天と地の「気」が結び合うことによって生まれたものであり、その生命も自然の運動法則によって維持されると考えます。つまり、人間の生命活動の原動力は、この「気」にあるというわけです。

益軒もこのような思想を基盤として、人の生命活動やその生老病死の問題を、この「気」という考え方に基づいて捉えています。「人の身は、気をもって生の源、命の主とす」「百病は皆気より生ず、病とは気やむ也。故に養生の道は気を調うるにあり」というのが、益軒の基本的立場です。ですから、静かにして元気を保ち、体を動かして気を廻らすというのが、養生の基本になります。したがって、すべての病もこの「気」より生まれ、病気とは文字通り「気を病む」ことであり、養生の道は「気」を調えることにあるといいます。

そのために益軒がとくに強調するのが、体を動かし、気を廻らすということです。体を動かさず、体を甘やかし休んでばかりいては気も廻らず、食気も滞《とどこお》って病気のもとになります。流れる水が腐らず、戸の回転軸が朽ちることがないのは、常にこれが動いているからです。人の体も同じことで、とにかく動かすことが健康の基本となります。ですから、食後にすぐ横になるとか、あるいは夕食の後すぐ床に就くなどということは体によいことではなく病気のもととなる、といいます。

身体は日々少しずつ労働すべし。久しく安座すべからず。毎日飯後《はんご》に必ず庭圃《ていほ》の内数百歩しずかに歩行すべし。雨中には室屋《しつおく》の内を、幾度も徐行すべし。かくの如く日々朝晩運動すれば鍼灸《しんきゅう》を用いずして、飲食気血の滞《とどこお》りなくして病なし。(『養生訓』巻第一)

ですから、家にいる時でも時々無理しない程度に体を動かし、運動すること、一定の仕事をしながら体を動かし、手足を働かせることが重要である、運動と休養に適度に配慮し、静と動のバランスをうまく組み合わせていくことが養生の基本になるといいます。

体を動かすということ、そのことを通じて健康に配慮する、そのことは今では十分知られていることでもあります。実際、健康がブームとなりウォーキングや健康体操、あるいはジム通いが盛況を極めています。運動の効果は現代の医学でも様々に証明されており、それは体の健康のみならず心の健康、リラックス効果やうつ病に対する効果にまで広く語られています。

益軒はそのことの重要性を早くから主張していたのです。しかもそれは、単なる健康長寿のためというより、「気」という考え方を基本に置いた人間観に基づくものです。「気」というと、どこか捉えどころのないものに見えますが、しかし、気を想定することによって、自然と人間との深いかかわり、生命活動の意味などが新しい光を浴びてくるようにも思われます。それは、養生が健康長寿のためという常識を超えて、養生は文化だという思想に繋がります。

益軒の「気」と養生をめぐる提言は私たちの健康を考える上で示唆するところが少なくありません。改めて運動するということでなく、暮らしの中で、仕事の中で、とにかく体をこまめに動かすこと、それを習慣化すること、それが養生の基本となるという考えかたは重要です。

無病のときこそ病を思え「健康自慢」が危ない

病なき時、かねて慎めば病なし。病おこりて後、薬を服しても病癒《い》えがたく、癒ゆる事おそし。小慾を慎まざれば大病となる。小慾を慎むことはやすし。大病となりては、苦しみ多し。かねて病苦を思いやり、後の禍を恐るべし。

（『養生訓』巻第六）

先の「未病を治す」（『養生訓』巻第一）のところでもふれましたが、益軒は、無病のときこそ健康に留意し、養生に励めば病を遠ざけることができると繰り返し語っています。ひとたび病気になってしまうと、薬を服用しても病が癒え難かったり、完治することが遅くなったりする、だから、日々の欲を少しでも慎んで、病気の時のことに思いを馳せて禍を招くことがないように心がけよと語ります。

具体的には、先にも述べましたが、寒・暑・湿などの外邪を防ぎ、酒食好色の内欲を抑制し、心身の起臥動静を慎むこと、無病の時にこのような配慮をして放恣《ほうし》な生活を慎めば病気とは縁のない日々を送ることができると語ります。

また、心穏やかにして怒りや感情を抑え、些細なことに悩んだり、憂えたりすることのないようにすることも肝要だといいます。

一見当たり前のことのようですが、益軒はこのような欲望や感情の抑制ということを随所で語っています。養生の基本にこのような日常の自己抑制がまず必要だということです。

こうした益軒から見て、いまこの時代はどのように見えるのでしょうか。生活水準は向上し、食生活も豊かになり、健康志向は高まり、そのための薬や医療施設などの環境はかなり整備されてきています。

しかし、一方では〝飽食の時代〟ともいわれ、その欲望を刺激する、溢れるグルメ情報やＣＭに人々は翻弄されているようにも見えます。大人たちだけでなく子供たちまで、「生活習慣病」なる危機が忍び寄っているといわれています。一方で健康に厚い気配りを見せつつ、一方で自己の欲求をコントロールできないという矛盾に、人々は抵抗感すらなくしているのでしょうか。これでは益軒先生にとても高評価をしてもらえそうにありません。

どうしてこのような矛盾した現象がまかり通るのでしょうか。益軒にとって、それは「心に主がない」からだというように見えるのではないでしょうか。これはほかでも触れることですが、心に主がないということは自己抑制ができていないということです。

つまり、いったん身に染み付いた生活習慣を変えることはなかなか大変なことだからです。分かっちゃいるけど止められない、そんなことが少なくありません。たとえばタバコの害についでは、今ではかなり理解が進み、禁煙する人が増えています。しかし、タバコほどその害のイメージが強烈でなく、差し迫ってもいないと思われることについては、人はなかなかその習慣を改めようとはしません。

たしかに、溢れる健康情報には一定の有益な情報ももちろん含まれていますし、グルメ情報に関心を持つことも否定されるべきことではないでしょう。問題はそうした溢れる情報をいかに選択し、自身のコントロール下に置くかということです。

無病のときこそ病いに思いを馳せる、その重要性を益軒は説いています。それは現代では「生活習慣」の重要性として語られています。これは東洋医学の長い伝統に基づく知恵と重なります。それは病気になってから治療するというかつての西洋医学とは対照的な位置にあります。その知見から学ぶべきところは少なくありません。益軒はそれを、すでに三百年以上も前に、人々のために説き語ったのです。

健康自慢の人が急に重篤な病に見まわれたりします。健康と安全のためには不断からの備えが重要です。健康を守るのは医者ではなく、自分自身なのだといえます。

凡そよき事あしき事、皆ならいよりおこる。養生のつつしみ、つとめも亦しかり。つとめ行いて怠らざるも、慾を慎みこらゆる事も、つとめて習えば、後にはよき事になれて、常となり、苦しからず。又慎まずして悪しき事になれ、習い癖となりては、慎みつとめんとすれども、苦しみてこらえがたし。

（『養生訓』巻第二）

ここで「ならい」とは生活習慣のことで、これは現代の最重要課題でもあり、それについて、益軒はその著作の中で再三に亘って強調しています。
最後に、こうした益軒の警句と響き合う、良寛の詩から一つを引いておきます。

われ多くを求むる人を見るに
蚕のみずから纏《まと》うにことならず
すべて銭財を愛しむがために
心身しばらくも間《ひま》ならず
年々性質を損ない
歳々魯頑をます
一朝黄泉におもむかば
半箇もおのれが分にあらず
他人快楽を受くるも
姓名杳《よう》として聞こえず
これらの諸癡子《ちし》こそ
はなはだ哀憐すべし

（訳）貪欲な人のしわざを見ていると、蚕が自分の糸で躯をしばりあげてゆくのとかわらない。ただ金銭がほしいばかりに、片時も心身が休まる閑がない。それがつもり積もって年々、その人の品性を、堕として、歳々愚かさを加えてゆく。一朝死んでしまえば、財宝のかけらも己れの分け前になるわけもない。他人はその財宝で、快楽するが、御本人の名前など、ちっとも口にのぼせはしない。こんなおろかものこそ、まことに気の毒にたえぬではないか。

（水上勉『良寛』）

二百年以上も前の歌人の言葉が、この令和の時代に生きる人々に重く響きます。

第四章

先人に学ぶ養生の極意

～生き生きとした午後の人生のために

禍《わざわい》は口から出て、病は口から入る
飽食の時代なればこそ、腹八分

人生日々に飲食せざる事なし。常に慎みて慾をこらえざれば、過ぎやすくして病を生ず。古人「禍は口より出で、病は口より入る」と云えり。口の出し入れ常に慎むべし。（中略）酒・食・茶・湯、ともによきほどと思うよりも、控えて七、八分にて猶《なお》も不足と思う時、早くやむべし。飲食して後には必ず十分に満つるものなり。食するとき、十分と思えば、必ずあきみちて分に過ぎて病となる。

（『養生訓』巻第三）

＊あきみち＝飽き満つ＝満腹する

俗のことばに、食をひかえ過ごせば、養たらずして痩せおとろうと云う。これ養生を知らざる人の言なり。慾多きは人の生まれつきなれば、ひかえ過ごすと思うがよきほどなるべし。

（前掲）

いまさら「腹八分」などといわれても、当たり前すぎて白けてしまいそうです。しかし、私たちはこの言葉を笑い飛ばせるほど、自信の持てる食生活を送っていると言い切れるでしょうか。

モノが溢れ、食が溢れ、情報が溢れるいまの時代だからこそ、この言葉のより深い意味を噛みしめてみることが必要ではないかと思われます。

益軒は過食の戒めを繰り返し語っています。人は飲食するとき、食欲のおもむくままとかく過食になりやすいものです。そのことは自分ではなかなか気づきにくいことですが、腹八分目ぐらいになったとき、多少足りないと思うときに止めるのがいい、とくに好物や珍味に出会った時などは注意が必要だ、満腹するとその時はよくても、後で苦しくなったり、禍の元となったりする、ほどほどにしておいたほうがいい、少々不足と思う時点で、そこで止めなさいと、益軒はいいます。

また、食べ過ぎたからといって安易に薬を使ってしまうことも、胃にとって好ましくないことがあります。薬の前の節制が肝要です。

また、「禍《わざわい》は口から出て、病は口から入る」といわれています。あるいは、飲食をほしいままにして義理を忘れる人もいます。こういう人を「口腹の人」といいます。いずれも、過食の戒めを語った言葉といえます。

ともかく、すべてのことに十分に満足しようと思えば、逆に禍のもととなります。養生の道は飲食を慎むことにあるということなどはみんな知っている、でもなかなか慎みがたくほしいままになりやすい、だから養生は難しいといいます。

しかし益軒は、それは本当の養生の極意を知らないからであるといいます。

たとえば、水に落ちたら溺死し、火に入れば火傷をし、ヒ素を飲み込むと中毒死する。そんなことは誰でも知っている、だからそんな馬鹿げたことはやらない。一方で、灸をすえると痛いことはわかっていても人はそれを我慢する。すべて道理を知り、養生の意味を知っているから、人はそれを回避し、あるいはそれに耐えると、益軒先生は丁寧に語りかけます。

しかしほんとうの養生の意味を知らない人は自ら禍《わざわい》を呼ぶことになります。とくに食に関しては安易に流されやすいのです。たとえばタバコには百害ありといって、多くの人が禁煙する、あるいは酒を飲みすぎて身体の不具合が生じたり、失態を演じたりすることから酒を慎む人は少なくありません。ところが過食は強烈な痛みを伴ったりすることもなく、直接死につながることもない、だから、分かっちゃいるけど止められないというのが現実です。

最近ではメタボの問題や食の安全という観点から食に対する関心も高まってきています。食育の重要性も注目を集めています。しかしメタボ対策を安易に薬に頼ったり、過剰なダイエットが体を蝕んだりする問題も指摘されています。そこまでいく前に、何より生活習慣とか養生という問題が先だということに気づくことが必要です。

現代では、あまりにも過剰な情報や広告やＣＭやショッピング番組に囲まれ、次から次へと欲望が刺激され、一つの欲望の満足は次の欲望を生み出しています。

その負の連鎖を乗り越える知恵、それは正しい養生観です。「少欲知足」の重要性も然りです。

ただ、無理なダイエットと同様、過度の食事制限にも問題は多く、とくに高齢者にあっては食を控えめにするというのは当然ですが、それが行き過ぎると、逆に栄養不足になりかねません。肉や魚、牛乳等から、必要なたんぱく質等を十分に摂る必要があります。もちろん糖尿病や高脂血症などの持病のある人は、一定のカロリー制限、食事制限は必要なので、医師と相談のうえ実施することが重要です。

凡《すべて》の食、淡薄《たんぱく》なる物を好むべし
スローフードから、スローライフへ

凡《すべて》の食、淡薄《たんぱく》なる物を好むべし。肥濃《ひのう》・油膩《ゆに》の物多く食うべからず。生冷《せいれい》・堅硬《けんこう》なる物を禁ずべし。あつ物、只一によろし。肉も一品なるべし。飣《さい》は一、二品に止まるべし。肉を二つかさぬべからず。又、肉多く食らうべからず。生肉を続けて食うべからず。滞《とどこお》りやすし。羹《あつもの》に肉あらば、飣《さい》には肉なきがよろし。

（『養生訓』巻第三）

※肥濃・油膩＝味が濃く油っぽいもの
※あつ物（羹）＝熱い吸い物
※飣《さい》＝副食

前項についてもそうですが、益軒は食に関してさまざまに語っています。味に関するこだわりもその一つです。ここではすべての食事はあっさりして薄味のものがよい、味が濃かったり、油っこいものを多く食してはいけない、また生物《なまもの》や冷えたもの、硬いものなどは避けるべきだといいます（冷蔵・冷凍技術の発達で、現代と多少状況が違うところもありますが）。また、とくに肉に関して食べ過ぎないように警告しています。

最近では、食の洋風化が加速する中で、和食の良さが注目されています。それは益軒がここで語っていることと重なっているように思います。

益軒は『家道訓』のなかで、好んで食べるべきものとして五つのことを勧めています。それは、新鮮なもの、香りのよいもの、柔らかいもの、味の軽いもの、性のよいものの五項目です。いずれも体によく、これに反するものを食べてはいけないといいます。

そしてまた、『家道訓』のなかでもう一つ、東坡《とうは》（蘇軾《そしょく》・宋の詩人）の、「蔬食《そしょく》の三養」ということを紹介しています。蔬食とは淡白なあっさりとした食事のことで、その蔬食には三つの効能があるといいます。

その一つは自分の境遇に満足して幸せを養い、贅沢をしないこと、二つ目は胃にやさしく気を養うこと、三つ目は無駄な出費を抑えて、財産を大切にすること、かくて淡白であっさりした食事は家を保つために極めて有効であるということになるといいます。

こうした益軒の食に関する提言はきわめて示唆的です。言わばスローな食（スローフード）、スローな生き方（スローライフ）に繋がるものといっていいでしょう。

こうした養生観、健康観は江戸後期になるとかなり普及していたようで、益軒がここで強調した「淡白」「薄味」ということに言及した二人の人物の言葉を引いておきます。

一つは江戸後期の禅僧で歌人の良寛で、その健康法として著わした『戒語』の中の一節です。

草木をうえ　ニハをさうぢし　水をはこび　石をうつべし
おりおり足にきうすゆべし
あぶらこきさかなくうべからず
あぶらものくうべからず
つねにあわきものをくうべし
大食すべからず

（以下略、傍点筆者）

もう一つは江戸後期の儒学者佐藤一斎の『言志四録』から。

心身は一なり。心を養うは淡泊に在り。身を養うもまた然り。心を養うは寡欲にあり。身を養うもまた然り。

（傍点筆者）

二つの引用とも、「あわ（淡）きもの」「淡白」を強調しています。それは冒頭の益軒の言葉「淡薄《たんぱく》なる物を好むべし」と深く響き合っています。

現代では、味覚の衰弱、食文化の変化が大きな問題の一つとなっています。味や味覚の画一化が進み、自分の味、家庭の味、おふくろの味が失われているのではないでしょうか。食の洋風化、ファーストフードの普及で私たちの食の風景は一変しました。味覚の画一化、供給の効率化、利便性の追求は、消費者の要求にマッチしたかに見えます。しかし、その消費者の要求は、ほんとうに消費者が求めたものでしょうか。

つい買ってしまうもの、食べてしまうものが、本当に自分が欲しいものなのか、もう一度振り返ってみる必要があります。テレビで言っていたから、みんながいいというから——、横並びの文化が本当の味を楽しむことから私たちを遠ざけてしまっているように思われます。

旅行のときなど、ふと入った店で食べた郷土の味、淡白で素朴な味わいに、深く感動することがあります。そこには伝統を守り、素材の滋味を大切にするという作り手の心が生きているからともいえます。「味覚」を通じて、食べるという営みの持つ重要性、自然の中で生かされているという謙虚さをも、益軒から学んでいきたいと思うのです。

飲酒に技あり
美禄か毒か、それは自分が決めること

酒は天の美禄なり。少し飲めば陽気を助け、血気を和らげ、食気をめぐらし、愁いを去り、興を発して、甚だ人に益あり。多く飲めば、又よく人を害する事、酒に過ぎたる物なし。

水火の人を助けて、又人に災いある如し（中略）酒を飲むには、各人《おのおの》によってよき程の節あり。少し飲めば益多く、多く飲めば損多し。

（『養生訓』巻第四）

酒は天の美禄《びろく》なりと、益軒はまず酒の礼賛をしています。

その益軒はこういいます。

程よく飲めば陽気を助け血気を和らげ消化をよくし、憂いを取り去り、気分は愉快になり、多くの効用があります。しかし酒が過ぎると害になり、酒ほど人を害するものはなく、少し飲んで程よく酔うことは酒の禍もなく酒の興趣《きょうしゅ》もあって楽しみが多いものです。

しかし、病気は酒の害によって起こることが多く、酒を多く飲んで、食事を少なくする人は短命であり、天下の美禄で身を滅ぼすことがあります。いったん酒が入れば、もともと謹厳と見ら

れた人も貪《むさぼ》る様子が見苦しく、平常心を失い、乱れた様子を見せてしまう。身を振り返り、慎まなければならない、と益軒は語ります。まさに〝飲酒に技あり〟です。

そしてこう続けます。

とくに若いときからのしつけが肝心で、親は早くからその子弟を教育しなければならない。早い時期からそれを身に着ければよいが、いったん酒癖が悪くなると改めるのは難しい。もともと酒量の少ない人は、愉快な酒を楽しむことができるのである。また相手に酒を無理強いするのもよくない。ほどほどの酒をお互いに楽しんで味わうことが必要である。

以上が益軒の酒の勧めと戒めの概要です。一見当たり前のことのようですが、「陽気を助け、血気をやわらげ、食気をめぐらす」という言葉に、益軒の人間観、養生観が出ているように思われます。目には見えないけれど、「気」が生命の源であり、「気」を整えることが健康のもとであるということについては先に述べました。よき酒はこの「気」を整えるためにきわめて有効であり、過ぎた酒は「気」の整えを乱し、病のもとになる、だから酒は単なる嗜好品ではなく、生命の基本にかかわるものだということになります。ここでは詳細にふれる余裕はありませんが、『養生訓』の中で、益軒は酒のことを詳しく取り上げています。養生ということを考える上で、酒の問題が重要な要素であることを指摘したかったのでしょう。

酒は心身をリラックスさせ、ストレスを解消したり、血流を良くしたり、人間関係のよき潤滑油となったりします。そのことはいまでは広く認められていることですが、生命の根源に関わる

「気」の問題から説き語る益軒の言葉には独自の説得力があるように思われます。益軒独自の養生の哲学を踏まえてその言葉を読むとき、その深さと重さを実感できるように思います。

古来、実に多くの人が酒について書き、語り、詠ってきました。酒と上手に付き合い、創造の糧《かて》とした人もあり、一方で酒に溺れて短命に終わった人もいました。著名人のみでなく、人はそれぞれ仕事や暮らしの中で、さまざまに酒と付き合い、楽しんできたことでしょう。

益軒の語るごとく、そこにさまざまな人間模様を見てきたことでしょう。私もまた、酒癖の悪い相手に手こずったり、酒が過ぎて保護された友人を警察に貰い受けに行ったこともあります。しかし一方で、実に幸せな酒の飲み方を心得ている人もいました。その人が居るだけで心が解《ほぐ》れ、豊かになるような酒席もあります。そして晩酌を最高の楽しみにしている人もいます。

人それぞれ、酒との付き合い方はさまざまでしょう。それは自由です。ただ、酒を美禄とするか、禍のもととするか、それはそれぞれの人が自分で決めることです。益軒先生に褒めてもらえる、酒との付き合い方を極めたいものです。

最後に、酒を人生の伴走者としてその生涯を駆け抜けた、あの山頭火の言葉を引いておきます。

ああ酒、酒、酒故に生きても来たが、こんなにもなった、酒は悪魔か仏か毒か薬か。

（「行乞記」昭和六年）

酔うための酒はいけない、味わう酒でなければならない。
酔いたい酒でなくて、味わうほどに酔う酒でなければならない。
酒のうまさ、水のうまさ、それが人生のうまさでもある。

（「行乞記」昭和十年）

良医と庸医を仕分ける
最初の出会いが最良の選択とは限らない

保養の道はみずから病を慎しむのみならず、また、医をよく選ぶべし。天下にも代えがたき父母の身、我が身を以って庸医の手にゆだねるは危うし。医の良拙を知らずして、父母子孫の病する時に、庸医にゆだぬるは、不幸不慈に比す。医は仁術なり。仁愛の心を本とし、人を救うを以って、志とすべし。我が身の利養を専に志すべからず。天地の産み育て給える人を、救い助け、万民の生死をつかさどる術なれば、医を民の司命といい、極めて大事の職分なり。医とならば、君子医となるべし、小人医となるべからず。君子医は人のためにす。人を救うに、志専一なるなり。小人医はわが為にす。我が身の利養のみ志し、人を救うに志専らならず。医は仁術なり。人を救うを以って志とすべし。是人のためにする君子医なり。

（『養生訓』巻第六）

＊仁術＝仁（思いやり、慈しみ）を行う方法
＊司命＝生殺の権を持つ者、頼みとするもの

人間を長くやっていると、誰しも体のあちこちに不具合が生じてきます。これは加齢の必然だから、やむを得ないことです。そのとき世話になるのが医者と薬です。とくにお医者さんとの出会いは重要です。いいお医者さんにどう出会うか、いい医者とはどんな医者なのか、益軒はいくつかのキーワードを使いながら、そのヒントを語っています。

まず、何より重要なのは養生ということですが、どうしても病にかかったら、良医を選び、くれぐれも庸医（技術の低い凡庸な医者）に自分の大切な体を委ねるのは避けなければなりません。そのためには患者自身が一定の知識を持たねばならない、十分ではなくとも大まかな知識を持てば、医者の良否がわかるといいます。

また益軒は君子医と小人医という対語も使い、君子医とは人のために尽くす、人を救う志を持った医者であり、小人医とは自分のため、自分の利益を優先する医者である、医は仁術（仁という徳を行う術）だから、志高くあるべきだといいます。

日本の近代医学を拓いた北里柴三郎は「医は仁術」に関してこう語っています。

昔の人は、医は仁の術、また、大医は国を治すとは善いことをいう。医の真の在り方は、大衆に健康を保たせ安心して職に就かせて国を豊かに強く発展させる事にある。人が養生法を知らないと身体を健康に保てず、健康でないと生活を満たせる訳がない。（中略）人民に健康法を説いて身体の大切さを知らせ、病を未然に防ぐのが医道の基本である。

（福田眞人『北里柴三郎』）

そしてまた、益軒は医者を上中下の三種にも分けています。

上医は病気を知り、脈を知り、薬を知っている。この三知をもって病気を治して功績をあげる。下医はこの三知を持っていない。むやみに薬を使って誤診することが多い。そして中医は病気や脈や薬についても、上医には及ばずとも一定の知識は持っており、薬の乱用はよくないことも知っている、だから余計な治療はしないし、薬の使用に関しては慎重である。

ともかく医者をよく見分けることが肝要で、病気を早く治そうと焦るあまり、庸医や下医にかかったり、安易に薬に頼るのは避けるべきであるといいます。

このように、益軒の医者に対する目にはかなり厳しいものがあります。ただ益軒の時代には医師免許などの制度もなかったので、医者を名乗る怪しい人物が横行していました。したがって医者選びは今から考える以上に重要な問題であったといえます。しかし時代は違っても、益軒の言葉には医者もさまざまであること、患者も医療に関して一定の知識を持つこと、安易に薬に頼らないことなど、今日から見てもいくつかの示唆を読み取ることができます。

今日ではテレビや活字やネットを含め、あらゆる医療に関する情報が溢れ、患者も賢くなっています。薬やサプリメントも豊富です。しかし、安易にそうした知識や薬やサプリメントに頼ることをまた問題です。安易な自己診断や薬依存は避けなければなりませんし、また頭でっかちの患者は医者にとっても扱いにくい存在かもしれません。

一定の知識と知恵を有効に活用しながら、効果的な医者選びに努めなければなりません。医者との出会いは偶然の要素もあります。しかし、最初の出会いが最良の選択であるとは限りません。必要な選択は欠かせません。セカンドオピニオンという言葉も常識となりつつあります。また、医者と患者の相性という視点も重要です。義理やしがらみなどにこだわる必要もありません。かといって安易に好き嫌いだけで決めるのも問題でしょう。

医療の専門家であると同時に、人間として共通の土俵で話のできる、しかし時には辛口もはっきり言ってくれる、そんなお医者さんとの出会いは、単なる医療の問題にとどまらず、人生そのものを豊かにしてくれます。

薬補は食補にしかず
薬と賢く付き合う

病の初発《しょはつ》のとき、症《しょう》を明らかに見つけずんば、みだりに早く薬を用ゆべからず。よく病症を詳《つまびらか》にして後、薬を用ゆべし。諸病の悪しくなるは、多くは初発の時、薬違えるによれり。誤って病症にそむける薬を用ゆれば、治しがたし。故に療治の要は、初発にあり。早く良医をまねきて治すべし。

丘処機《きゅうしょき》（中国の金末元初の道士）が衛生の道ありて長生きの薬なし、と云えるは、養生の道はあれど、生まれつかざる命を長くする薬はなし。養生は、ただ生まれつきたる天年をたもつ道なり。

（『養生訓』巻第七）

益軒は医術の重要な要素を三つあげています。その一つは病論（理論）、一つは脈法（診断）、一つは薬法（治療）です。

西洋医学の知識がなかった当時としては、治療法として薬の処方は重要な位置を占めていました。そして益軒自身、薬学の知識は相当なもので、『大和本草』という大著でも知られていることは先にも述べました。

そんなこともあって、『養生訓』のなかでは薬に関する記述が相当の紙幅を占めています。それをこの短い紙幅で要約するなど無謀なことなので、ここでは示唆的な言葉をいくつか拾ってみることにします。

益軒はまず薬に対して慎重であるべきことを強調します。症状を見極めないで、いきなり薬に頼るのは問題だ、薬は有効でもあるが、また毒でもあることをよく知るべきだといいます。うっかり庸医にかかって薬の服用を間違うと深刻な事態になります。良医は患者の状態によって臨機応変な対応をし、薬の処方をする、ちょうど名将が戦況によって最良の戦法を駆使するがごときものです。したがって、くれぐれも庸医の薬に頼らないことが肝要であるといいます。これは医者の選択にも関わることですが、何より、患者の薬に対する対応の慎重さを強調したものといえます。

また、胃腸を養うためには穀類と肉類を食べる、薬は気に悪影響があるから常用してはいけない、穀類や肉類が脾胃（胃腸）を養うのは薬用人参などより優れている、古人も「薬補は食補にしかず」（薬で補うより、まず食事で補う）と言っている、とくに老人は食補に努めて、薬補はやむを得ないときに限るべきだといいます。これが益軒の見解です。

そして、「老人病あらば、まず食治すべし。食治応せずして後、薬治を用ゆべし」（『養生訓』巻第八）と語ります。薬を飲まないでも自然に治癒する病気も多いのだから、むやみに薬に頼り、逆に悪影響が増すこともあることに十分留意しなければならないといいます。

そして「衛生の道ありて長生きの薬なし」という言葉を引いて、養生の方法はあるけれども長生きのための特別な薬はない、長生きの薬と信じて飲み続けた薬が何の効果もなかったということはよくあることだと言っています。内欲を抑え、外邪を防ぎ、起居を慎み、体を動かし、必要な休養を取るなど、日常の生活（生活習慣）に配慮すれば、寿命を全うすることができると、持論を展開しています。

益軒は基本的には食生活を重視する生活習慣の重要性、薬への安易な依存の回避、自然治癒力の尊重などを語っているといえます。これは現代でもきわめて大切なこととしてしばしば強調されていることでもあります。

免疫学の世界的権威といわれる安保徹さんは、もともと人間に備わっている免疫力を生かすことの重要性を強調し、安易に薬に頼ることの問題を警告しています（『疲れない体をつくる免疫力』）。人間に備わっている自然治癒力を尊重すべきだという指摘は、益軒の語るところと深く重なるように思います。

このような思想は、『養生訓』の根底を流れるグランドバス（通奏低音）ということもできます。いま私たちは、メディアに溢れる健康情報に日々曝されています。わずかの体の不具合にも敏感に反応する、すぐ薬に頼ったり、性急に医者に薬の処方を求めたりします、

益軒の時代に比べて現代では医学も発達し、有効な薬も豊富に提供されています。薬学の研究も日進月歩です。大学の薬学部も医学部と同じ六年制となり、専門知識を持った薬剤師が適切に

対応してくれます。ほんとうに必要な場合には適切な薬の服用は重要な事でしょう。ただ、人間の体に備わっている自然治癒力を大切にするという益軒の知恵を生かすことは、今日ますます重要になってきているように思います。

先日、あるラーメン屋に立ち寄ったとき、壁面に掲げられた言葉が目にとまりました。そこには「医者に金を払うより、みそ屋に払え」とあり、それは江戸時代の諺で、みその健康効果を語ったものだということでした。

たまたま本稿を書いている頃だったので大変興味深く、「薬補は食補にしかず」という言葉を思い出しました。

強き人ほど短命なり
長命も短命もわが心のまま

養生の道なければ、生まれつき強く、若く、さかんなる人も、天年を保たずして早世する人多し。これ天のなせる禍《わざわい》にあらず、自らなせる禍なり。天年とは云いがたし。強き人は強きをたのみて慎まざる故に、弱き人よりかえって早く死す。また体気弱く、飲食すくなく、常に病多くして、短命ならんと思う人、かえって長生きする人多し。

（『養生訓』巻第一）

人の命は我にあり、天にあらず、と老子言えり。人の命は、もとより天にうけて生まれ付きたれども、養生よくすれば長し、養生せざれば短し。しかれば長命ならんも、短命ならんも、わが心のままなり。

（前掲書）

一見強壮で健康自慢の人に意外な落とし穴がある場合が多くあります。その自信過剰が、生活習慣に無頓着であったり、無理を重ねたりして、自然に健康を害し、早世することが多いのです。逆にもともと体が弱く、病気がちであった人が、長命であったりします。

人の命は、もともと天から授かったもの（天寿でありますが）。しかし、その長さはまさに養生次第なのです。「人の命は我にあり、天にあらず」と老子が言ったのはそういうことです。長命か短命かは、自分が決めることなのです。

こうした自己コントロール、生活習慣の重要性は、養生訓の随所で語られていますが、それはまた、不摂生や飽食、サプリや薬への過剰依存などが問われる現代人への厳しい警句ともなっています。

そうした現代人の健康不安、健康信仰に関して、作家黒井千次さんの言葉を引いておきます。黒井さんは、昨今のテレビにおける料理番組、医療（健康）番組の多さが目立つと指摘したうえで、とくに医療番組についてこう書いています。

医療関係の番組は、健康の維持であれ、体調の変異であれ、薬の飲み方であれ、ただの傍観者にとどまれぬところがある。料理はイヤなら食べなければいいだけの話だが、健康とか病気とかなると、その話が避けようもなく我が身に襲いかかってくる。歳を重ねれば次第に体力は衰え、身体のあちこちに不具合が生じるのは当然である。生命にとっての弱点であるその傷口めがけ、医療番組の指摘が突き刺さる。

たとえば幾つかの兆候を列挙し、この中の何項かに該当すればあなたの身体はこれこれの危機を抱えている、などと言われれば、つい気になって回答してみる。すると境界線すれすれか危険の側に傾いている場合が少なくない。つまり不安におちいる。

そこが医療番組の狙いであり、健康上の問題点への注意の喚起、病気の早期発見や適切な対処を促すことなどにつながるとしたら、番組には少なからぬ意義がある。その点は決して否定できないが、同時に番組の効果を発揮する前提として、膨大な視聴者の間に不安が掻《か》き立てられるという側面があることもまた否定できない。

（『老いのかたち』）


そして、「いつから我々はこんなに健康の信奉者になり、病の敵対者になったのだろう。その中間あたりに、老化を素直に受けとめる姿勢が認められてもいいのではないか」と問いかけています。そんな時代だからこそ、「養生」に対する主体的で深い理解が求められます。

もともと益軒は生まれ付き虚弱で病気勝ちでした。体調不良が続き病に伏せることが多かったのです。しかし、その益軒が当時としては希に見る八十五歳という長寿を保ったのです。しかも最後の七、八年は驚異的な創作活動を展開しています。先の言葉は、そうした益軒の経験をも含めた養生と摂生の重要性についての実感に基づくものでしょう。

長寿は豊かな老いに繋《つな》がるのか
老いの養生――「気」を惜しむ

わが里の老人の多くを見るに、養生の道なくして多病に苦しみ、元気衰えて、はやく老耄《ろうもう》す。かくの如くにては、たとい百年のよわいを保つとも、楽しみなくして苦しみ多し。長生きも益なし。生けるばかりを思いてぞ、寿ともいいがたし。

（『養生訓』巻第一）

老人の保養は、常に元気を惜しみて、減らすべからず。気息を静かにして、荒くすべからず。言語をゆるやかにして、早くせず、言少《ことば》なくし、起居行歩をも静かにすべし。言語荒らかに、口ばやく声高く、颺言《ようげん》（声を張り上げる）すべからず。怒りなく、憂いなく、過ぎ去りたる人の過ちを、とがむべからず。わが過ちをしきりに悔ゆべからず。人の無礼なる横逆（我がまま・無礼）を、怒り恨むべからず。是皆、老人養生の道なり。また、老人徳行の慎みなり。

（『養生訓』巻第八）

ここで益軒は老人の生き方、食養生と同時に、特にメンタルヘルスの重要性について強調しています。

歳を取ると、つい些細なことに拘り、感情的になりがちである、無駄な「心のエネルギー」を浪費することなく、悠然と生き、自然と対話しつつ、世俗的な物質的な楽しみでなく、本来、人に備わっている心を豊かにする楽しみを発見し、豊かな時間を作り出すことが重要だと語り、残された時間を大切に、日々を過ごすことの意義を強調しています。

しかし、現代の政治をめぐる状況や、さまざまな社会問題に目を向けるとき、やはり、怒りを触発される問題や事件に事欠きません。テレビを見て不愉快になり、怒ったりしている人も少なくないようです。不正への怒りはある意味で当然です。

当然怒るべき時怒らないのは、ある意味でそれがストレスになります。ただ、日常の瑣末な事などに、いちいち苛立つのは、いかがなものかと益軒は言うのです。そのあたりの緩急を心得る事が重要だという益軒の主張は、先にも取り上げました。緩急自在、静と動を使い分けることについても、先にも触れたとおりです。

ただ、高齢者にとっては、とくに心の安定、メンタルヘルスが重要であるということを、『養生訓』の終り近くになって、あえて強調しているといえます。

老いが近づく時、一日一日が掛けがえのない時間だということを益軒は繰り返し説いています。その貴重な時間を大切にしたい。そして、「楽しみの人生」を送りたい、と益軒は主張します。

年老いては、わが心の楽しみの外、万端、心にさしはさむべからず。時にしたがい、自ら楽しむべし。自ら楽しむは世俗の楽しみに非ず。ただ、心にもとよりある楽しみを楽しみ、胸中に一物一事の患いなく、天地四時、山川の好景、草木の欣栄、是また、楽しむべし。

（『養生訓』巻第八）

天気和暖の日は、園圃《えんぽ》（田畑や林など緑の多い郊外）に出、高き所に上り、心を広く遊ばしめ、鬱滞《うったい》（ストレス）を開くべし。時々草木を愛し、遊賞せしめて、その意（心）を快くすべし。

（前掲書）

禁欲のイメージの強い益軒ですが、ここに語られているように、実は「楽しみの人生」の主唱者であり、達人でもありました。

益軒は、どうしたら長寿が豊かな人生に繋がるのかについて語り、そして楽しみの人生、豊かな晩節の重要性について随所で説き、語っています。益軒のこの主張については、その著『楽訓』などを中心に次章以降で詳しく触れます。

これまで、二章に亘って益軒の養生法のエッセンスを簡潔に述べてきましたが、『養生訓』の内容はもっと広く、かつ詳細です。そこに書かれた益軒の考え方が現代医学から見てすべて正しいとは必ずしもいえないでしょう。当時の医学の水準からしてそれはやむを得ないことです。

大切なことは、益軒の著作や思想から、現代に通じる、あるいは現代人に向けて語られているとも思われる重要な知見やメッセージを丁寧に汲み取っていくことです。

第五章　楽しみの人生は直近にあり

～「日々是好日」という至福のために

つながる悦び、小さな一歩が新しい自分を創る
「必要とされる」悦びは深い

善をすれば、わが心快く、人も亦《また》よろこび随《したが》う。また楽しからずや。

（『大和俗訓』巻之六）

およそ人の楽しむべき事、三あり。
一には身に道を行い、ひが事なくして善を楽しむにあり。
二には身に病なくして快く楽しむにあり。
三には命ながくして、久しく楽しむにあり。
富貴にしてこの三の楽しみなければ、まことの楽しみなし。

（『養生訓』巻第一）

はじめの言葉は『大和俗訓』にあるものですが、後の言葉は楽しみの人生を語った『楽訓』ではなく、『養生訓』の中にあるものです。

三楽の中で、「善を楽しむ」が最初に上げられているのはおもしろいですね。もちろん『楽訓』の中でも、善を行う楽しみについて再三ふれています。善を行うことは最高の楽しみであり、そ

してそれは世俗の楽しみとは違う喜びを伴うものであること、世俗の楽しみはいわば耳目口腹の楽しみであり、自分の欲求を満足させるだけにとどまる、それに対して善を行う楽しみは広くて深いといえます。

そしてその楽しみは身分や富貴に関らず、誰にでもできる楽しみであると次のようにいいます。

いやしき匹夫《ひっぷ》も、善を行う志あれば、善をすること多く、その楽しみ多し。日々善を行いてやまずば、その楽しみきわまりなかるべし。況《いわん》や、富貴の人、善を行わば、その功大きに広くして、その楽しみも亦甚《また》だしかるべし（中略）凡そ、善をすれば、わが心快く、人も亦よろこび随う。また楽しからずや。

（『大和俗訓』巻之六）

＊匹夫＝身分の低い男

益軒が言いたいのは、善とは特別の善行のことだけではなく、むしろ日常の生き方の中にあるものであり、そしてまた、人とつながる悦びであるということです。ただ自分の欲望を満足させるだけの悦びだけでこの人生を過ごすのは、なんとも薄っぺらで淋しいことでしょう。我も快く、人もまた悦ぶ、それはまさに、人と人がつながる悦びであり、人生の大きな悦びといえるでしょう。

自分さえよければという風潮がはびこるなか、一方でこうした温かい、人と人とのつながりが大きな感動を呼びます。

たとえば、かつて次のような新聞の投書を目にしたことがあります。

一つはある男性からのものですが、この人の父は長い間、理容師として黙々と平凡に生き、金儲けは下手だが、きれいな人生を送り、七三歳で他界したのですが、息子はその父に、「凡人賞」という賞を送りたいと書いています。その父の口癖は、「他人に迷惑をかけるな」ということであり、それがまた遺言ともなりました。息子は、その凡人賞はどんな著名人たちの勲章よりも価値があると言い切っています。(「朝日新聞」一九八一年五月八日)

もう一つは、十五歳の中学生からのものです。

彼女の父は、人から何も言われていないのに、何の利益にもならないことに黙々と努めています。たとえば、夏には、公園の草を刈り、土手の草まで一人で刈り取り、冬には他所の家の前の雪かきを自分の仕事のようにこなし、そして何一つ自慢もしません。その父は少し腰を痛めていますが、腰に負担がかかる仕事を自分を犠牲にしてやっています。どうしてこんなことをするのかと聞いてみたら、雪が積もり凍るとすべるし、草が伸びれば歩きにくいだろう、と答えます。

そして次のように結んでいます。

「お父さんは偉い人だとは思わない。自分で好きにやっていることだし、嫌ならやめればいい。けれど、そんなお父さんは私の誇りだ」(「朝日新聞」二〇〇六年十月二十九日)

何の力みもなく、ごく自然に、さりげなく、しかし自分に忠実に生きる、自らは何も語らないけれども、そんな姿が、人生にとって何が大切なのかをわが子に訴えます。それを、子供たちはしっかりと受け止めている、それはまた読む人にも深い共感を呼びます。

それは、いまこの時代、思いやり、謙虚さ、愚直という言葉を決して死語にしてはいけないと語っているようにも聞こえます。

それは、「必要とされる悦び」「つながりの持つ温かさや充足感」といっていいかもしれません。しかしそれは、特別な事態とか、非常時に限られることではありません。

つながる悦び、それは誰もが身近に感じ、実践できることでしょう。あまり無理して頑張ることはありません。小さな一歩が、昨日とは違う自分を発見することにつながるように思われるのです。

「良友」は掛けがえのない財産だ
群れる付き合いから、深い交わりへ

心合えば、千里も相したしみ、心合わざれば、隣家も往来せず。或は日々に対談してもその心を知らず。或は千里を距てても、その人を相慕う。これ心の合うと合わざるとによれり。

（『大和俗訓』巻之八）

益軒は読書に親しみ、自然の節序を楽しむことを何よりの悦びとしていました。一見「内向の楽しみ」に拘《こだわ》っているように見えますが、決してそうではありません。一方で先に挙げた「つながる悦び」や良友との付き合いもまた大切にしていました。

『楽訓』では、「我ひとり楽しみて人を苦しむるは、天のにくみ給う所おそるべし。人と共に楽しむは、天のよろこび給う理《ことわり》にして、誠の楽しみなり。」と書いています。人と共に楽しむのは誠の楽しみだといいます。実際、益軒は学問をする上での付き合いや執筆のための共同作業など、多くの友人との付き合いを大切にしていましたし、友人たちと楽器の演奏を楽しんだりしました。ただ、良友を得るために、付き合う相手を選ぶことには慎重でした。

益軒は、よき友人を得るには人を選んで、人の心を知ってから付き合うべきである、しかし、人の心はなかなか分からないもので、それを知らないでつまらない人物に付き合うと後で後悔することになるといいます。

とはいいつつも人を見分けるのも大変なことで、一見温厚で和順のように見えてもその心は信じ難いこともあるし、また、一見取っ付きにくくて、剛直な感じの人でも、実は誠実な人もいたりします。だから最初の選択が肝心なのだというのです。

人付き合いについて益軒はなかなか厳しい見方をしていますが、先に述べたように交友関係に消極的であったわけではありません。親しい相手とは深く付き合い、その交わりを楽しんでいます。

『大和俗訓』のなかでは、「心合えば、千里も相したしみ、心合わざれば、隣家も往来せず」と書き、ほんとうに心が通じる人とは千里の道を隔てても深く付き合うことができる、だから、そういう親しい友人とはただ誠をもって交わるべきであるといっています。益軒自身、地元福岡だけでなく遠く離れた京都や江戸の学者や旧知の人との親交を大切にしていました。

ところでよく聞く話ですが、歳を重ねてくると同窓会の出席者が加齢による病気などで一人また一人と減ってきます。一方でこれまで出てこなかった人が何十年ぶりに顔を出したりします。

しかし、こうしたいわば群れる仲間づきあいとは別に、肝胆相照らす友人、あるいはその人と同席するだけで心が満たされるような朋友を持つこともまた得がたい楽しみなのです。

とくに晩年を迎える頃になると、どちらかというと人間関係やしがらみを少しずつ減らしていくことも必要です。しかし一方で、組織を離れた自由な付き合いの中から、思いがけない新しい出会いもあったりします。そうした出会いを大切にしつつ、これまで大事にしてきた友人関係を含めて、ほんとうに深く付き合える相手、気の置けない相手を一人でも二人でも持つ、それを大切にしていくことが重要であるということを、私も実感しています。

そんな良友の存在が、豊かな時間を過ごすための貴重な財産となります。

良友、心友について書かれた、作家常盤新平の短章があります。以下、その一部を引いておきます。

Tとは十日に一度は会って食事を共にするだろうが、会うのはたいてい昼ごろで、その二、三日前にどちらからともなく電話をかけて約束する。

会ってもべつに話すことはない。昼めしを食って、喫茶店でコーヒーを飲んで、別れる。（中略）Tと改札口で会うと、思わず顔がほころんでくる。なんでも打ち明けられる友に会えたという気持ちになるのだ。鮨を食べたいから会うのではない。彼の顔を見て、私は安心したいのだろう。

この気持ちはTにも通じているはずだ。そうでなければ、あんなに人なつっこそうな笑みを浮かべないだろう。彼の顔も心からよろこんでいるように見える。

「どうかね？　無事だったらしいね」

訊かれて、私は無事で風邪もひかなかったよと答える。（『明日の友を数えれば』）

静謐で淡々とした文章の中に、そして何気ない会話のなかに、掛けがえのない友を思う深い心情と、彼らが過ごしているであろう豊かでいい人生が偲ばれます。

いい言葉は、いい人生をつくる
饒舌は何も伝えない

「言は心の声なり」と古人言えり。（中略）言を出すに、その言騒がしからず、穏やかなるは、その心の養いあるなり。もし、言を出すに、騒がしくけわしきは、心の養いなしと知るべし。

一言の過ちにて莫大のわざわいとなり、一時の過ちにて一生の憂いとなる。慎むべし。平生慎みある人も、事により時によりて、怠りたゆみぬれば、一言一事の過ちによりて思いの外に大なるわざわいとなることあり。

（『大和俗訓』巻之五）

いま、人と人とのコミュニケーションがむずかしい時代です。言葉は溢れていても、それが人のつながりや心の通い合いを深めることには、必ずしもなりません。また、人は言葉によって励ましを受けたり、傷ついたりします。そうした言葉の重要性を益軒もまた指摘しているのです。

まず、古語の「言は心の声なり」という言葉を引いて、人の心のうちにあるものが外に出る、いいことも良くないこともすべて口から出てしまう、だから身の慎みは言葉の慎みに始まるといいます。

また、「心やすんじて後語る」（易経）という言葉を引いて、人に言葉をかけるときはまず心をやすらかにして、よく思案してから言葉を発するべきである、そして言いたいことをすべて口に出すのではなく、少し気持ちを残し、言葉を残せば、そこに余韻や深い味わいが出てくると指摘します。

これは重要な指摘です。いま、この饒舌と喧騒の時代、言葉があまりにも不用意に発せられ、浪費される日常を目にします。言葉が氾濫する一方で、心に届くものが少ないという感じを持つ人も少なくないのではないでしょうか。「巧言令色、鮮《すく》なし仁」という『論語』の言葉に、納得できるところ、大いにありというところでしょうか。

益軒は、「言を出すに、その言騒がしからず、穏やかなるは、その心の養いあるなり。もし、言を出すに、騒がしくけわしきは、心の養いなしと知るべし」「意を内にふくみ、ことばを残せば、言に余味ありて、人感服して従いやすし」と書き、言葉一つにその人の人格が表れ、人を魅きつけるのだといいます。いい言葉はいい人間関係につながり、人の信頼を集め、いい人生につながります。たかが言葉、されど言葉なのです。言葉を選び、言葉を少なくすることが、結果として相手に伝わるものが豊かになるということでしょう。

たとえば会議などで、議論を尽くしたり、白熱することは当然です。しかし、時に一呼吸おくことも必要ですし、のべつ幕無しにしゃべり続ける人の言葉より、時機を得た短く適切な言葉が周囲を納得させることもしばしばです。

また、私は著名な知識人や大きな組織のトップの人と接し、意外なことに言葉少なく謙虚な人に出会ったこともしばしばありました。

もちろん日常の場面で、必ずしも寡黙である必要はないでしょう。沈黙は金などとは言い切れません。しかし饒舌もまた金ではないことは確かです。

また、言葉は人間関係を豊かにすると同時に、また人を傷つけたりもします。先にもあった「病は口より入り、禍は口より出ず」という言葉は、一言の過ちが大きな禍となることを物語っています。「それを言っちゃあ、おしまいよ」と『男はつらいよ』の寅さんはいいました。そこまでは至らずとも、それを言っちゃあ半分おしまいよ、という場面はしばしばあると思います。思っていることを全部口に出す、本人はそれですむかもしれませんが、それは結局自分に返ってきます。自分はそれで満足していても、相手は白けてしまいます。

言葉は少なくとも、伝わるものは豊かで、それがいい人生につながる、そんな豊かなコミュニケーションを心がけたいと思うのです。

小さな陰徳が、大きな充足につながる
死語にしたくない言葉、それが「陰徳」

陰徳とは、善を行いて人に知られんことを求めず、只、心の内にひそかに仁愛をたもち行なうをいう。（中略）凡そ、陰徳は人知らざれども、天道にかなう。故に、後は必ず我が身の幸いとなり、子孫の繁栄を得る道理あり。かるが故に幸を求むるに、是に勝れる祈祷なし。（中略）陰徳をおこなえば、求めずして福はその中にあり。

（『大和俗訓』巻之三）

これまで、災害時などの多くの善意が多くの人々の感動を呼びました。実は人々の目に触れないだけで、もっと多くの善意がこの世界には隠れていると思います。

かつてＮＨＫに勤めていた頃の経験です。

「なぜ、ニュースは事件、事故、暗い話題ばかり報道するのか？　世間にはもっと明るい話題や感動の人生があるはずなのに？」という視聴者の問いでした。

人々は報道に、真実を知る要求と同時に、人と人との繋がりの温かさや共感の喜びをも求めているのでしょう。

「陰徳」という言葉があります。今ではそれを聞くことはきわめて稀なこととなりました。しかし、死語とはいえ、この言葉の重要性はもっと注目されてもいいと思います。

益軒の著作の中には、この言葉がしばしば出てきます。『大和俗訓』の中で、陰徳とは人に知られず善を行うことだと語り、それは自分の内部で耳が鳴るようなもので、自分ひとりだけが知って他人が知らないことである、たとえば人の患いを憂い、人の喜びを喜び、孤独な人や貧しい人、飢えた人、病の人を陰で助け、道を作り、橋を架け、人に害のあることを除き、人に益のあることを行い、人を謗《そし》らず、人を侮《あなど》らず、人を妨げず、人の善をすすめることなど、多くの具体例を挙げています。

また、陰徳は天道に適《かな》う道であるから後は必ずわが身の幸いとなるといいつつ、しかし人は幸福を求めるために陰徳を行うものではない、陰徳を行えば求めなくして福はその手中にあると語ります。そして、陰徳は結果としてその行いに幸いが返ってくるものであって、初めからその見返りや返礼をひそかに期待するものであってはならないし、自分の名聞のために行うものであってはならないと戒めています。

益軒が、「求めずして福はその手中にある」というとき、そこに二つの意味がこめられているように思います。一つは善行をなすことが結果として自分に福をもたらすということ、もう一つは善を行うことそれ自体がその人にとって大きな充足感に繋がるということです。

益軒が陰徳を説いた背景の一つに、当時の庶民の過酷な生活実態がありました。しかし益軒が単なる善行の勧めだけを語ったのではないことは先に述べたとおりです。いま私たちを取り巻く現実には厳しいものがあります。格差社会は進行し、福祉政策は追いつきません。さまざまな善意が求められています。小さな陰徳が大きな絆に繋がることもあるし、そして何より、陰徳は人が生きることそのことの充足感につながるものであるからです。

だからといって、すべての人がかくあるべきだと、ここで言いたいわけではありません。人格高潔な有徳の人物でもない、教養あふれる知識人でもない、ごく普通の平凡な市井人の中に、どこか敬服に値する人物が確実に存在しているのだ、と言えるのではないかということです。

先日、以下のような新聞記事を目にしました。

東京の山手線池袋駅で、ＩＣカードの残金不足で電車に乗れずに困っていたダウン症の少年に、カードをチャージするためそっと千円札を手渡してくれた高齢の男女がいました。詳細は省きますが、帰宅が遅い少年を心配していた母親に、帰宅した少年は見知らぬおじいさんが財布から千円札を出してくれたと話しました。

母親はその方に感謝の言葉を伝えようにも相手が判らず、ツイッターに投稿し、恩人を探しているということです。（「朝日新聞」二〇一九年六月七日夕刊）

直接会ってお礼を伝えたい、という母親の願いが叶うかどうかわかりません。

ただ、この記事から母親の深い心情が伝わってくるとともに、少年にそっと手を差し伸べた老夫婦と思われる方の誠実な行為が、深い共感を呼びます。

もう一つ例を挙げましょう。

山口県小野田市の男性（七十一歳）は、各地が寒波に見舞われた今年の一月のある日の朝、凍結していた横断歩道で滑って転倒し、頭から血を流して気を失いました。男性は救急車で病院に搬送される途中意識を取り戻しました。後日消防に尋ね、救急車を呼んだ女性が判明し、その女性に聞いたところ、通りがかった男性二人が着ていたダウンジャケットを脱ぎ、一着を意識を失っていた男性の体の下に敷き、一着を上半身に掛け、首にマフラーを巻いてくれた。救急車が到着すると、男性二人は名乗らずに、寒中をそのまま立ち去ったといいます。七十一歳の男性は現在元気を取り戻し、自宅には紫と黄色のダウンジャケット二着と黒色のマフラーを保管しており、それを持ち主に返却してお礼を言いたいと願っているということです。（「読売新聞」二〇二一年三月四日オンライン）

先の老夫婦の行為とともに、この男性の行為はいわば陰徳というべきものと思われますが、今やこの言葉は死語となりました。しかし、時折こうした記事を目にすると、誰にも気づかれない、いわば隠れた善意や善行がこの世の片隅に生き続けていることを物語っているように思います。

決して死語にしたくない言葉の一つ、それが「陰徳」です。

読書ほど美味しいものはない
読む楽しみ、出会う楽しみ

凡そ読書の楽しみは、いろをこのまずして悦びふかく、山林に入らずして心閑に、富貴ならずして心ゆたけし。この故に人間の楽しみ、是にかうるものなし。

およその事、友を得ざれば、なしうべからず。只読書の一事は、友なくて一人楽しむべし。一室の内に居て天下四海の内を見、天地万物のことわりを知る。数千年の後にありて、数千年の前を見る。今の世にありて古《いにしえ》の人に対す。我が身おろかにして聖賢にまじわる。

是皆読書の楽しみなり。凡そよろずのことわざ（注、言葉や出来事）の内、読書の益にしく事なし。然るに世の人これを好まず。その不幸甚だし。是を好む人は天下の至楽を得たりというべし。

（『楽訓』巻之下）

益軒は『楽訓』などの著作のなかで、人生のいろいろな楽しみについて書いていますが、とくに読書の楽しみについて、「至楽」と表現しています。「至れる」とは、極まるとか、極致に達するとかいう意味ですから、その思いの深さを知ることができます。

その楽しみとは、色（事）を好まなくとも悦びは深く、山林に入らなくとも心はのどかになり、富貴でなくとも心豊かになることだ。一日書を読んでいる楽しみはこれ以上のものはないほどであり、聖賢の書を読んでその心を得る楽しみは最高である。また、中国や日本の歴史書などを見ると、遠い昔のことが眼前に展開し、あたかも自分がその時代に出会える気分で、数千年も生きてきたような感じである。古今の書を読んでいると万物の理《ことわり》に通じた感じで大いなる楽しみとなる。

読書の楽しみ、その深さを益軒はこのように語っています。それは時間と空間を超越して、人をあらゆるところへ連れて行くタイムマシーンのようなものであり、また万物の理を知るという知への誘《いざな》いでもあるのです。

また、読書は楽しみであると同時に、その益も大きく、古語には、「書を読むこと一巻なれば、一巻の益あり、書を読むこと一日なれば一日の益あり」という言葉もあるように、読書の益に及ぶものはない、これを好む人は天下の至楽を得たことになるとまでいっています。

まさに無類の読書家であり、みずからも多くの著作を残した益軒らしい言葉です。読書の醍醐味、その奥の深さを知るがゆえに、多くの人にその喜びを訴えたかったのでしょう。

益軒はまた『慎思録』のなかで、朱子の「好人得難く、好書もまた得難し」という言葉を引いて、読書の際も本を選ぶときも、常に批判的にこれに向き合うべきことを勧めています。読書の際はその内容を取捨選択することが必要だし、本の良否を見分ける眼も必要だといいます。情報が溢れるいまも傾聴すべき言葉です。いまの時代、本が溢れすぎているがゆえに、本当に自分にとって掛けがえのない本との出会いが難しくなっているともいえます。

益軒の時代はメディアやマスコミも未発達で、読書が貴重な知への窓となっていました。いまネット社会はまさに溢れる情報を提供してくれます。しかし、メディアがいかに発達しても読書の持つ意味は決してなくなることはないでしょう。たとえば、「天地四海を見る」と益軒が語った情報収集機能は、さすがにネットやテレビに及びませんが、古の聖賢に交わったり、著者と対話したり、活字に想像力を触発されるといった読書の価値は、他のメディアに取って代わることは不可能でしょう。

ついでに言えば、読書の楽しみはただ本を読むことに限らず、本を選ぶ楽しみにもあるように思います。いまネットや通販で簡単に本が入手できるし、書店に行けば目的の本が手に入ります。しかし、書店や図書館の書棚の間を気侭に歩きながら本との出会いを楽しむことも大きな悦びです。目的の本を探していても、その隣の書棚に、つい気になる本が目に入ったりします。そして、それを手にとってみる。こんな楽しみはネット情報や電子書籍などでは到底味わえないものです。本書の冒頭でブラブラする楽しみについて書きました。本屋のブラブラ、それも最高の楽しみの一つといえます。

学びの悦びは壮年にあり
学びの楽しみは、老いを遠ざける

聖人の書をよみ、道をこのみて日を送る人は、誠に諸人にすぐれ、一生の間常に楽しみて、思い出多き世なるべし。かくのごとくならば、人と生まれたる甲斐ありて、朝に既に道を聞きなば、夕に死ぬともさらに恨みあるべからず。（『大和俗訓』巻之二）

「午後の人生」の長い時間をどう過ごすかが、この長寿の時代の大きな課題となっています。その一つの答えが、「学び」の楽しみにあります。

では、本当の意味での学びの楽しみとは何か。益軒がその著作のなかで繰り返し語った「学び」論について、いくつかのポイントに絞って見てみます。

一つは、学ぶということの意味についてです。すべて人たるものは、古《いにしえ》の聖人や徳の高い人の教えを学んで、人たるの道を知り、気質の悪いところを改め、人としての本性の善に帰るべきものので、それこそ学びの道なのだと語ります。つまり人が悪を行い、欲に流され、身を滅ぼしたりするのは何ゆえかというと、「知なければなり」ということになります。だから人と生まれた以上、学んで知を開き、道を知ることが何より「一大事」であるといいます。ここで「知」というのは、単なる知識などではなく、知恵、あるいは人としての道というもっと本質的なことを指しています。生涯学習時代といわれる現代では学びはもっと広く、多様なものと考えられていますが、もっと深くその意味を問うとき、益軒の言葉が深く届いてきます。

一つは、学びは生涯を通じてのものだということです。学ぶことが単に知識の集積ということに留まらず、人としての成長を希《ねが》い、自然の理《ことわり》や人としての道を究めるものであれば、これは終わりのあるものではなく、「学びは終身のことなり」「これひとの一生の間のつとめ」なのです。益軒はまさに生涯学習の先見的な提唱者といっていいでしょう。

一つは、学びは楽しみであるということです。人それぞれに多彩な楽しみがありますが、学ばないと本当の楽しみは得られない、学びなき楽しみは外欲による楽しみばかりで、多くの人がそれに流されている、書を読み、世界を知り、道を知るという至上の楽しみは、学ぶことによってこそ得られるものであると語ります。

以上が大まかな益軒の学びについての考え方です。特に壮年の学びについて語るところは、益軒自身の体験に裏打ちされていて説得力があります。益軒自身、その多くの著作を六十歳以降に著しています。『大和本草』が八十歳、『養生訓』が八十四歳、『慎思録』は八十五歳で書き上げています。こうした著作活動の背景には、益軒自身の学習欲と知識欲、そして衰えを知らぬ好奇心や問題意識があることは確かでしょう。それは益軒が刻苦勉励の人というより、なにより学びの楽しみを心得ていた人であったからともいえます。

江戸後期の儒者、佐藤一斎はその著『言志四録』のなかで、

　少にして学べば　即ち壮にして為すあり　壮にして学べば　即ち老いて衰えず　老いて学べば　即ち死して朽ちず。

と書いています。壮にして老にしてなお学ぶことの重要性を強調したかったのでしょう。この書が完成したのも、益軒が『養生訓』を著した八十四歳に近い八十二歳であったといいます。

かつては学びというと学校教育中心のものと考えられていました。しかし、いまや壮にして、老にして学ぶことの悦びを知る人も少なくありません。私の友人の中にも定年後古文書に熟達して、江戸商人の日記を掘り起こした人や、自身のルーツの研究から始めて、日本の近世近代史にかかわる独自な労作をまとめた人、あるいは若くして水俣病の現場に出会い、一貫して取材や番組制作に関わり、定年後も石牟礼道子さんや渡辺京二さんらとの交友を続けながら、この問題を問いつづけた人物などさまざまです。

自ら学びつつ、あるいは外部のセミナーや講座で学びつつ、さらにそれを自身で深め、そこから新しい問題やテーマを発見し、また、それとは別に、自身の問題意識に基づき、自分のペースで学ぶ楽しみを知ること、そこに壮にして学ぶ悦びの深さを見ることができます。

森博嗣氏は、その著『勉強の価値』のなかで、

（勉強を忌避する人は）他者と自分を比較することにばかり終始し、妬んだり、僻んだりし

て、結局は自分の役に立つものを見逃している。吠えたてる犬が眼を瞑ってしまうようなものだ。

〈勉強〉の価値とは、そんな雑念や煩悩を理性で抑え、自分というものを見詰め直すことだと思われる。

勉強をするほど人は謙虚になる。なぜなら、世界の英知に近づき、人類の慧眼に接することで、自分の小ささを知ることになるからだ。

それだけでも勉強する価値がある。

そして、自分を見つめることの楽しさが、少し遅れて、必ず訪れるだろう。

勉強は、生きる方法を学ぶことではなく、生きる人間の価値を高めるものである。

（『勉強の価値』）

とすれば、まさに学ぶとは、学校教育や仕事のためのみのものではなく、生涯を通じて続けるべき意義を持つものと言えます。

たとえば講演や講座でただ話を聞くだけでなく、そこから新たな問題やテーマを発見し、学びを深めていくことが重要なのです。

それは物知りや趣味のレベルを超えて、創造と発見の悦びにもつながるものとなります。とくに大人の学びは、他から与えられた課題を解くことなどではなく、自身を見つめ、自身のなかに問題を発見し、それを解いていくという能動的な営みと言えます。

先の益軒や一斎の言葉は、「壮にして学ぶ」ことの意味の深さへの再考を促しているように思います。

人びとがほんとうの学びの意味を知ったとき、国民を馬鹿にしたような政治家も生きていけなくなります。

旅という宇宙を楽しむ旅でこそ、本当の私になる

旅行して他郷に遊び、名勝の地、山水の麗《うるわ》しき佳境にのぞめば、良心を感じおこし、鄙吝《ひりん》を洗いすすぐ助けとなれり。是もまた我が徳を進め、知をひろむるよすがなるべし。又、いいしらぬ異郷にゆきて、見慣れぬ山川のありさまを見て、目を遊ばしめ、其の里人に会いて其の所の風土を問い、あるは奥まりたる山ふところに、岩根を踏みてたずね入り、もとより山水の癖ありて、青山夢に入る事しきりなる人は、心をとめて帰る事を忘れぬ。

（『楽訓』巻之上）

※鄙吝＝いやしいこと、けちなこと
※山水の癖＝自然を愛でる習性

益軒は無類の旅好きとして知られています。むしろ旅の達人といっていい。その生涯の中で江戸へ十二回、長崎へ五回、京都へは二十四回も行っています。益軒は九州福岡の黒田藩に勤める儒者でしたから、当時の交通事情を考えると、これだけの旅の多さは際立っています。

旅とはいっても、それは藩命によるものを含めてのものですが、それを利用して各地の風物を

楽しみ、またその土地の風土や物産を見聞し、克明な記録を残しています。益軒は旅の魅力を、知らないところを訪ね、名勝の地や山水の美しい佳境に対面することは、良心を感じ起こし、いやしくケチな心を洗い濯《すす》いでくれ、徳をすすめ、知を広げるよすがとなるといっています。また、そうした眺望や景色を見ることは一万戸分の土地を持つ諸侯の富にも勝るものであり、その土地の名産を味わうのも心が慰められるものであると書いています。

ここには、えも言われぬ旅の醍醐味を味わうと同時に、その名産や風土を見聞し、そしてその住人にさまざまなことを問いかけ、話を聞くという、旅行者であると同時に取材者、記録者というジャーナリストの視点もあります。それが、通りすがりの観光やツアーと違う、旅の深さを味わうことにつながっています。

益軒の旅は、若き日の京都留学や、江戸の藩邸詰めなどを含めたものですが、五十歳を過ぎてからも精力的に各地に出かけ、その記録を残しています。たとえば、『京畿紀行』（五十歳）『熊野略記』（六十四歳）『筑前国続風土記』（七十三歳）『有馬名所記』（八十一歳）『諸州巡覧』（八十四歳）、『日光名勝記』（八十四歳）など、その旺盛な行動力と仕事ぶりに驚かされます。更に、あの『大和本草』が完成したのが八十歳、『養生訓』が八十四歳のときですから、旅と紀行文の執筆と並行して他の著作にも精力的に取り組んでいたということになります。当時と今の平均寿命の差や交通事情などを考えるとき、驚くべきパワーと行動力です。

旅は楽しめればそれでいいのかもしれません。ドラマや映画の舞台となった場所には人々が殺到する。それはそれで結構なことです。しかし、旅のほんとうの楽しみはもう少し違うところにあるような気もします。仕掛けられた旅や、群れる旅は、どこか底の浅いものになりがちな感じもします。ただメディアやブームに乗せられて人気の観光地や話題の土地を巡る旅などではなく、独自の関心と知的な好奇心を満たす旅であれば、それが人生の楽しみを厚く深いものにしてくれ、あるいは長生きに繋がることになるかもしれません。

益軒はそう語っているように思います。

旅の醍醐味と深さを語った、田山花袋のこんな言葉に出会いました。

旅はどんなに私に生々《いきいき》したもの、新しいもの、自由なもの、まことのものを与えたであろうか。旅に出さえすると、私はいつも本当の私となった。

（『東京の三十年』）

「私はいつも本当の私となった」――なかなか味わい深い言葉です。

「清福」という楽しみがある「楽しみ」の意味を問い直す

清福はいとまありて身やすく（安楽で）、貧賤にしてうれいなきを云う。清福は富貴の驕楽《きょうらく》なる福《さいわい》にはあらず。貧賤にして時にあわずとも其の身やすく、静かにして心にうれいなき是なん清福とぞ云うめる、いとまありて閑《ひま》に書を読み、古《いにしえ》の道を楽しむは、是清福のいと大なる楽しみなり。

（『楽訓』巻之上）

＊驕楽＝驕（おご）り高ぶった楽しみ

清福という言葉はあまり聞きなれない言葉です。しかし、これは益軒が語った人間の楽しみの中で最も強調したものの一つで、およそ楽しみを好む人は必ずこれを知るべきである、といっています。

そして、益軒が他の楽しみについて語ったように、この楽しみもまた富貴の享楽、驕慢とはまったく異質のもので、貧賤であっても日々が安楽で、食住に心配がなければ、これは清福といっていい、といいます。つまり、物やお金による楽しみでなく、内的な深い楽しみなのです。自然を愛《め》で、四季の移ろいを楽しみ、時に旅に出て、書を読み、少々の酒を楽しみ、良友と交わる、こうした日々の暮らしのなかの、あるいは内的な楽しみの深さは、富貴の人の楽しみを凌駕するものであるといいます。

益軒がなぜにこうした清福にこだわったか、それは当時の世相にその背景があります。益軒は『大和俗訓』の中で誠《まこと》が日に日に衰え虚飾は盛んになり、驕《おご》りがはびこり倹約は廃《すた》り、質朴をいやしみ華美を褒めるような当時の風潮を厳しく批判しています。楽しみはすぐ近くにあるのに、いたずらに陳腐な楽しみに流れるのはいかがなものかと問いかけているのです。

かつて「清貧」という言葉が話題になりました。清福について益軒が語るところはこの言葉を思い出させます。ただ、こうした益軒の言葉に共感しつつもどこか窮屈さを覚えることも確かです。とてもついていけない、きれいごとに過ぎると感じられても仕方はないとも思います。

しかし、益軒は必ずしも清貧だけを強調しているわけではありません。通俗的な外の楽しみに心を奪われ、もっと大切で深い人生の楽しみを忘れてしまうことへの警告を語っているのです。

征韓論に敗れ、下野した西郷が郷里鹿児島に帰って詠んだ詩があります。

閑居

累官《るいかん》解かれて自由の身を得
泉石烟霞《せんせきえんか》情《じょう》転《うた》た親しむ
温飽従来《おんぽうじゅうらい》素志《そし》を亡《うしな》う

清幽《せいゆう》長く願う一閑人《いちかんじん》

（訳）いくつもの官職をを解かれて自由の身となることができ、泉水庭石、かすみなど自然の美しさに一段と親しく心ひかれる。人は皆暖衣飽食になれると、それまでの本来しっかりした心を無くすものだから、清く静かなところでいつまでも一人の閑人としてのんびり暮らしたいものだ。

（『増補　西郷隆盛漢詩集』）

「清幽長く願う一閑人」という言葉が印象的です。

こうした人生もまた、清福の人生といえるのではないでしょうか。

私たちは、高度成長の時代を経験し、多くの教訓や反省を学びました。そして、モノの豊かさが必ずしも真の豊かさにつながるものではないのではないか、本当の豊かさとは何かという問いを問い続けてきました。しかし、一見陳腐に見えるこの問いを、いまだ克服したとはいえません。

厳しい経済状況の中で、たしかに節約志向や生活防衛の志向は強まってきてはいます。しかし一方で街にモノは溢れ、遊びや消費へ人々を駆り立てるメディアの戦略もしたたかです。

こうした時代、益軒の説く清福の意味を問い直してみるのも無駄ではないように思います。益軒はただ清貧や倹約だけを説いたわけではない、それだけでは侘しく鬱陶《うっとう》しいだけです。清福という楽しみは禁欲のすすめなどではなく、より深くて豊かな楽しみへの誘《いざな》いであり、それはすぐそこにあるのだ。またそれは、「足ることを知る」ということにもつながります。

映画監督の山田洋次さんは新作『こんにちは、母さん』について語った中で、渡辺京二の『逝きし世の面影』にふれながら、こう語っています。


思えば、江戸期から、明治、大正にかけて、この国の政治は軍国主義に突き進んでいくのだけれど、民衆は日々のつましい暮らしの中で豊かな知恵を出し合い、冠婚葬祭から困ったときに助け合う互助システムを工夫し、職人たちは良心を大切にして質素ながらも今よりははるかに洗練された気持ちのいい暮らし方をしてきたのではないでしょうか。

（「朝日新聞」二〇二三年八月五日朝刊 be）


と語っています。

益軒の語る「清福」の世界を髣髴させるものが、そこにあるように思いますがどうでしょうか。

春宵《しゅんしょう》一刻直《あたい》千金——節序を楽しむ
身の回りの小さな感動を探す

一とせの内にあめつちのみち常にめぐり、四時に行われて、万古よりこのかたやまず。その間霞立つより雪の積もれるまで、その景色折々に異なり、また朝夕の景色、日々に異なれる、変態極まりなき眺めなり。

（『楽訓』巻之中）

人生の楽しみを語る益軒の『楽訓』の中で、圧倒的に多いのが、移り行く季節の楽しみを書いた「節序」の項です。その記述だけで『楽訓』のおよそ三分の一を占めており、またその構成を見ても、巻之上「惣論」、巻之中「節序」、巻之下「読書」「後論」となっていて、それが突出していることがわかります。こうしたバランスを欠く構成には、節序の楽しみに対する益軒の格別の思い入れを感じ取ることもできます。おそらく書いているうちに筆が止まらなくなったと思えるくらいです。

たとえば春の花を楽しみ月をめでる気持ちを、かの蘇軾の「春宵《しゅんしょう》一刻直《あたい》千金、花に清香あり月に陰あり」（春の宵のひと時は千金に値するものであり、花は清らかに香り、月は朧にかすんでいる）や、「花を惜しみて春起くること早く、月を愛《め》でて夜眠ること遅し」を引用しながら語り、秋については、「春は只《ただ》花のひとえに咲くばかりもののあわれは秋ぞまされる」という古歌を引用して、そのしみじみした味わいを語り、また夕日が傾き、山に入るころの美しさは格別で、やはり「秋は夕暮れ」といいたくなると書いています。

こうして四季の移ろいの楽しみは実に深いものであり、そうした季節が移ろう自然の営みの理《ことわり》（道理）を知れば、それは人としての道を知ることになると語ります。益軒はただ自然の美しさに感動しただけでなく、それは生きることの深みに繋がっていると見ることができます。

四季の移ろいを人はただ鑑賞しているだけでなく、そこで自然と交感し、語り合っているともいえます。

あのウォールデンの森での二年間の生活を綴った名著『森の生活』の著者、ヘンリー・デイヴィッド・ソローは、森での生活の中で自然が与えてくれた感動を克明に綴っていますが、そこでは自然を、「この上なく親切でやさしい、けがれのない、心の励みになる交際相手」であるとし、「自然のまっただ中で暮らし、自分の五感をしっかりと失わないでいる人間は、ひどく暗い憂鬱症にとりつかれることなどあり得ない。四季を友として生きるかぎり、私はなにがあろうと人生を重荷と感じることはないだろう」と書いています。ソローにとって、それはかけがえのない贅沢な時間であったといっていいでしょう。

自然はその向き合い方によってさまざまに応えてくれます。季節の移ろいは自然への感動だけでなく、自然への畏敬の念も育ててくれます。四季を愛でるということは自分自身が豊かになることだともいえます。そこでは感動と励ましを受け取ると同時に、謙虚さもまた学び取ることができるからです。四季の移ろいと付き合う楽しみは、そうした内的な深みを持つものであるといえます。私たちがこれまで当たり前のこととして見過ごしてきたものの中に「贅沢な時間」を発見することができるのです。

身の回りに小さな感動を探してみませんか。

楽しみは直近にあり
視線を変えれば、そこは宝の山

およそ人の心に、天地よりうけ得たる大和の元気あり。是人の生ける理《ことわり》なり。草木の発生してやまざるが如く、つねに我が心の内にて、機の生きてやわらぎ、よろこべる勢いのやまざるものありこれを名付けて楽しみという。これ心の生理なれば、即ちこれ仁の理なり。ただ、賢者のみこの楽しみあるにあらず、なべて人も皆これあり。

（『楽訓』巻之上）

※機＝天機。自然の神秘。造化《ぞうか》の秘密。

私たちの周りにはさまざまな楽しみの機会が溢れています。それを自由に楽しむこと、それ自体を益軒は否定しているわけではありません。ただ、そうした外に溢れる楽しみに目を奪われて気付くことのない、もっと深い、充足感のある楽しみがあるのではないか、しかもそれは私たちのすぐ近くに、あるいは私たちの内部にあるのではないかというのが益軒の語りたかったことです。

その言うところを聞いてみましょう。

およそ人の心には、天地より生まれつきもらっている和の元気がある。

これが人が生きている理《ことわり》（道理）である。草木が絶えず成長を続けるように、常に自分の心のうちには天機が生きていて、和らぎ喜ぶ力が絶え間なく働いているのである。それを名づけて楽しみという。それは人の心の生理であり、そしてそれはすべての人に備わっているものである。

そしてこの心の内にある楽しみは、私欲に惑わされることがなければいつでもどこでも楽しめるものである。朝や夕べの天地の営み、日月の輝き、春夏秋冬の折々の景色の美しさ、山のたたずまい、川の流れや雪の趣き、花の装いなどすべてこうした万物の生の営みを愛《め》でることは、限りない楽しみにつながるのである――。


益軒は『楽訓』の中でおおよそこのように語っています。実際、自然の営みに触れて私たちが受ける感動には限りなく深いものがあります。それはたとえば、長い冬が終わって、春の兆しを膨らみを増す梅の蕾や木々の芽吹きに見出すとき、自然の生命力から自分もまた力をもらうように感じます。また新緑の中、薫風を肌で感じ柔らかな日差しに包まれるとき、生きていてよかったと実感することもあります。

また、俳句などの季語としてもよく使われる、「山笑う」「山滴《したた》る」「山粧《よそ》う」「山眠る」などの言葉は、自然とともに生きる人々の感性の豊かさを物語るものといえます。

この、楽しみを内に求めること、あるいは暮らしそのものに楽しみがあるということは、多くの人の語るところでもあります。

私たちはあまりにも日常の忙しさや多彩な情報に振り回されて、こうした自然の営みのもたらす感動から遠ざかってしまったように思います。快楽とか享楽という楽しみ、あるいは時間や金を消費する楽しみとは別に、生きることそのなかにある楽しみや喜びに、もう一度目を向けてもいいように思います。時折立ち止まり、道端の名もない草花に眼差しを注ぎ、屹立する木々に語りかけ、その木肌に触れてみる、そこからやさしさや生きる力をもらうことができるように思われるのです。

本章は、他章と共に、いわば益軒の「幸福論」について語られたものと言えます。

以下には、益軒の幸福観と深く繋がると思われる、現代を代表する学者とジャーナリストの言葉を引いておきます。

まず、臨床心理学者で元文化庁長官も務めた河合隼雄の言葉です。

　〈すること〉と〈あること〉

　(現代社会は)社会的地位、財力、体力など、単に「計算できる」モノによって、人間の価値を測ろうとする。計量できるものによって、相手を価値づけようとする。

　つくづく思うのは、いまのわれわれの社会は、何かをすることに重きをおきすぎているのではないかということです。私はこれを〈すること〉と〈あること〉という対比でいっています。金儲けをする、仕事をする、財テクをする、恋をする、ゴルフをする、読書をする、……、人は頑張っていろいろやっていると思いますが、それに相応する〝ただある〟ということが、これとまったく同等ぐらいの重みをもっているといえるのではないか。
〝あること〟の練習はどうするのか。私は非常に忙しい生活をしていても、時々何もしない時間をもつことが大切ではないかと思っています。

（『河合隼雄著作集』13）

もう一つは、アメリカの女性ジャーナリスト、アリアナ・ハフィントンの言葉です。
アリアナ・ハフィントンは一九五〇（昭和二十五）年生まれ。世界に展開する、人気のインターネット新聞（ニュースサイト）「ハフィントンポスト」の創設者で、「世界で最も影響力のある百人」にも選ばれ、雑誌の表紙を飾るなど、華麗な成功者として知られています。

「成功を再定義しよう――〈金と力〉より大切なものがある」

社会における成功の概念は金と権力に集約されてしまった。でも長い目で見ると、金と力だけでは二本足の椅子のようなもので、たとえ短時間バランスが取れても、最終的には倒れてしまいます。妥協する人生でなく、生きる価値ある人生を手にいれるには、〝サード・メトリック（第三の価値観）〟が必要です。それは健康《ウエルビーイング》、知恵《ウイズダム》、不思議《ワンダー》、思いやり《ギビング》、この四つを柱とする新たな成功です。

私がそう考えるようになったきっかけは、長年、古い成功の定義に縛られたあげく、二〇〇七年に痛烈な一撃を食らったことでした。睡眠不足と過労で昏倒した私は机に頭部をぶつけ、頬骨を折ったのです。このとき以降、私は生き方を大きく変えました。その結果、手に入れたのは、ひと息つく時間と深い視点を持つことのできる充足度の高い生活でした。

金と力で定義するなら私の人生は大成功。でも、正気で測るなら、とても成功とは呼べなかった。


（「考える人」二〇一六年春号　傍点筆者）


本当に豊かに生きるとはどういうことでしょうか。ここに引いた二人の言葉は、〝タイパ〟が喧伝される現代に生きる人々への示唆に富むメッセージです。

次章では、その問いをさらに深めていきます。

第六章

豊かな晩節、貧しい晩節

〜わが人生に悔いなし、と歌いたい

人心は盛んになりやすく、道心は隠れやすし
心は身の主――心と体の深いつながり

人心は盛んになりやすく、道心は隠れやすし。二の者、胸中に相まじりて、その治めようを知らざれば人心はいよいよ危うくして人欲にながれ、道心はいよいよかすかにしてついに人心に覆われて亡ぶ。ここにおいて、人心をおさえ、道心をたもつ道なくんばあらず。

（『大和俗訓』巻之二）

楽しみの人生を送るための要訣の一つに、心のコントロールという問題があります。そのためには、心と体の深い関わりへの理解ということが不可欠となります。

益軒は心が体の主であることを繰り返し強調しています。心を体に従属させるのではなく、体を心に従属させることこそが何より大切である、つまり、心は体の天君であり、その心が五官（耳目口鼻体）を統御することによって、過ちなき人生を送ることができるといいます。

あるいはまた、心に主があることが深く思慮することにつながり、適切な判断ができるといいます。一旦緩急のとき、心を乱されず冷静な対応ができるのも、心に主があるからだということになります。つまり、心に主がないことが判断の遅れや心の迷いを招き、人を誤らせることにつ

ながるといいます。

このような心の主体性というべきことを強調した背景には、人がいかにその七情（喜怒哀楽愛悪欲）に流されやすいものであるかを熟知していたからでしょう。

そのことは、古来多くの先達の語るところですが、たとえば、かの吉田兼好も『徒然草』の中で、

　ぬしある家には、すずろなる人（無関係の人）、心のままに入り来ることなし。虚空よく物を容《い》る。我等が心に念々のほしきままに来たり浮かぶも、心というもののなきにやあらん。

と書いています。心が空っぽだと、つまり心に主がなければ、いろいろな雑念や迷いや欲求が入り込んでくるというのです。

益軒は、尚書の「人心は盛んになりやすく、道心は隠れやすし」という言葉を引いて、人の胸のうちには常にこの人心と道心があり、その治め方を知らなければ道心は亡ぶばかりである、だからいかに人心を抑え、道心を保つかが重要となります。そのためには心は身の主であるという自覚に常に立ち戻る必要があるということを強調します。

つまり、心が自身を適切にコントロールできなければ、さまざまな誘惑や宣伝や情報に流され、自分を見失ってしまうことが多く、そうして右往左往することが、〝自分の人生〟を生きることから遠ざかり、楽しみの人生を送る障害となります。

こう見てくると、益軒の語るところがいかにも観念的で古臭く感じられるかもしれません。それは分かっていると言われるかもしれません。

しかし、そう言い切れるほど私たちは進化した時代に生きていると言えるでしょうか。それは私たちがいまこの時代の世相や社会を見るとき実感できることです。あくなき欲望の追求が、決して幸せな生き方につながるものではないということを、あの高度成長期以降の時代の教訓から私たちは学んだはずでした。しかしそのくびきからまだ完全に解放されたとは言い難いのが現状です。

「自分さえよければいい」という風潮、個人においても、企業や組織においても、その例に事欠きません。

時代や社会が変わっても、人の心は変わらない、人はそういう心のひ弱さと常に戦っていかなければならない、そういう冷静さと、心の原点に立つことが不断に心がけられなければならないということになります。

とすると、益軒の「心に主のあること」を説いた言葉が、決して観念的な時代遅れのものであるとは言い切れないように思います。

益軒は、こうした心と体の深いつながりについて随所で語っていますが、それはいわば『養生訓』を貫流している益軒の思想ともいえるもののように思います。日本近世教育史の石川謙氏は、「『養生訓』は心と体を割りきってしまわずに、一つにまとめて、〈人間〉という生活体の、全体としての働きを向上させるための、人間訓とか生活訓と呼んでもよい本である。」と語っています。（『養生訓・和俗童子訓』）

先日、新聞で、ＡＩの進化に関して書かれたコラムの中に、次のような一節を目にしました。

「ＡＩについて考えると結局、〈人間とは何か〉という問いに行きつく。助け合い、広い視点で考えながら、人間は進化してきたのだ。エゴを抑える理性や倫理観は、生き続けるための知恵でもある」

（「朝日新聞」二〇二三年九月二十日「天声人語」）

急激な社会の変化の中での人間の理性や倫理観の意味を考えさせられる一文でした。そしてそれは、先の、心は身の主、人心と道心の意味と重さを語った益軒の言葉と、どこかで響き合っているように思われたのでした。

心閑《しず》かなれば歳月長し
〝自分の人生〟をいかに生きるか

老後は、若き時より月日の早き事、十倍なれば、一日を十日とし、十日を百日とし、一月を一年とし、喜楽して、あだに日を暮らすべからず。つねに時日を惜しむべし。心静かに、従容として余日を楽しみ、怒りなく、慾少なくして、残躯《ざんく》を養うべし。老後一日も楽しまずして、空しく過すは惜しむべし。老後の一日、千金にあたるべし。

（『養生訓』巻第八）

歳を重ねると月日が早く過ぎていくことを誰しもが感じます。季節のめぐり来るのも早く、いつの間にか馬齢を重ねてしまいます。とくに六十才を過ぎるあたりからその感を強くします。益軒はそうした人生の移ろいを見つめつつ、もう曲がり角を曲がった人生を、慈しみながら生きていくようにと語りかけます。

人の命は朝露のように短く、歳月は流れて止まらず、時節は去って流れるようであるといいます。そして、李白の詩「人生大夢の如し。なんすれぞこの生を苦しむ」を引きながら、この短い人生を楽しまずに無駄に過ごすことがないようにしなければならないと語ります。

また、老後は若い時よりも十倍も早く時は過ぎていくのだから、一日を十日とし、十日を百日とし、一月を一年として楽しみつつ、決して無駄に過ごさず、時を惜しんで暮らしていかなければならない。心静かに、怒りなく、欲少なくして残る日々を楽しむことが肝要である。老後の一日は千金に値するものであり、これを空しく過ごすのは誠に惜しいことです。

益軒は『養生訓』などの中で、以上のように語っています。益軒が何故にこれほどまでに時を惜しむことについて語っているかというと、その根底に〝人生は楽しむべし〟という思想があるからです。とくに老いの日々は人生の余白などではなく、一日一日が掛けがえのない大切な時間なのだから、これをいとおしみ、大事にしていかなければあまりにも惜しいことなのです。そして、それが〝豊かな晩節〟へとつながる道だからです。

同時に益軒は、その短い人生を長く過ごす方法があると語ります。それは、心を閑《しず》かにしていれば、歳月も長くなり、楽しみも多くなるということです。白楽天が「自ずから延年の術あり、心閑かなれば歳月長し」「閑中日月長し」、東坡が「無事にしてここに静座すれば一日是両日、人若し活《い》くること七十ならば便《すなはち》是百四十」といったのも、心閑かであれば月日が長いということを語ったのです。とにかく閑の中には楽しみが常にあるのだから、閑のない人も折々閑を求めて心を養うほうがいいと語ります。

ここでのキーワードは「閑」です。「閑」には暇《ひま》という意味と静かにという意味があります。一般に閑というと、隙間《すきま》とか余暇とか余った時間というイメージがあります。人には予定された日程というものがあり、忙しい時間があり、閑はその隙間というマイナーな、あるいは脇役的なイメージがあります。

しかし益軒はこの「閑」を主役へ押し上げようとしています。閑こそ充足の時であり、豊饒の時であるのです。

人生の後半期、とくに六十歳半ばあたりを過ぎた頃から、あるいは仕事や組織から解放されてからは十分な時間に恵まれます。しかし、あまりにも長かった現役時代の時間の観念からなかなか自由になれません。それまでとは違った、異質に感じられる時間に戸惑いを隠せません。その新しい時間とどう向き合うのか、捨てきれない未練や内欲、あるいは世間の喧騒や常識に引きずられて過ごすのか、みずから納得の行く独自な時間を創りだしていけるのか、晩節の豊かさは「閑」という言葉の解釈とそれに伴う実践にかかっているともいえます。

最後に、海外勤務を含め長いサラリーマン生活を終え、「定年退職後こそ、人生最高の時期」と語る渡辺格氏のエッセイの一部を引いておきます。

六十八歳の私

六十八歳になった私は、一生で一番楽しい時期を過ごしているのであろうか。私は病気の関係もあって、五十七歳で早期退職制度を利用したから、かれこれ十年もこの生活に浸りきっているが、これがいつまで続くわけでもない。しかし、今日それが終わればそれで結構であ

る。もうこの世では十分苦しんだし、同時に楽しんだ。（中略）
今の生活の何がそんなによいのか。まず、眠くて無意味な会議で欠伸《あくび》を嚙《か》み殺す必要はないし、嫌な奴とつき合わないですむ。葬式も行かない。大人数の会議はすべてお断りだ。おぜいの人がいると話題が散漫になって面白くない。（中略）残された時間をどう使おうと、全ては私次第なのだ。
（『定年おめでとう』　傍点筆者）

渡辺氏は定年後のいまが一生で一番楽しい時期と語り、そして残された人生の時間をどう使おうと、全ては私次第なのだ、と語っています。それは冒頭の益軒の、「心閑かに、従容として余日を楽しみ」という言葉と重なります。「閑」を最高の充足の時とし、それをどう使おうと、すべて自分が決めるのだという、まさに自分の人生を自分流に全うしたいという潔《いさぎよ》さを感じます。

「老い」を、しなやかに受けとめる
加齢は新しい舞台《ステージ》の始まり

人の老いにいたり死の近き事、夕日のかたぶくごとくなるは、是かく有るべき常の理《ことわり》なれば、嘆くべからず。嘆くは常の理を知らず、愚なり。（中略）是常に楽しみて、老いに至るを嘆くべからずとなり。

（『楽訓』巻之下）

加齢に伴って、さまざまな体の変化が出てきます。白髪はその一つです。髪に白いものが混じりはじめ、やがてそれが急速に増えてきます。それを見ると、人は自分の人生の行く末の短さを思い、ひとしお寂しさを感じてしまう、このことは仕方のないことかもしれません。

しかし、先にも触れたように益軒は中国北宋の詩人東坡の「人は白髪を見てうれい、我は白髪を見てよろこぶ」という詩を引きながら、むしろそれは喜ぶべきことではないかというのです。

少なからぬ人が白髪を見る前に死を迎えてしまう、そうした現実を見ていると、髪が白くなるまで生きられたことをまず感謝すべきではないか。年老いて夕日が傾くように死ぬべき時期が近づいていることを感じても天命に安んじて、決して悲しむべきではなく、加齢とともに老化が進むのは、あたかも四季がめぐってくるというような自然の摂理であり、それを夕日が傾くように自分の人生もひたすら下降に向かっているのだというような、マイナスイメージで捉えてはいけないというのです。

加齢も老いも死も、すべてこの自然の営みの中の必然であるので、そのことをいたずらに寂しがったり、悲しんだりすることは残念なことです。白髪を「下降」、「衰退」と捉えずに、新たなステージへの〝序曲〟と捉える、そしてそのステージを楽しむことを心掛けるほうが人生はずっと楽になり、楽しくなるのではないでしょうか。

それは先に引いた渡辺格氏の一文とも重なっています。

免疫学者の多田富雄さんは老いの創造性ということに関してこんなことを語っています。「初心忘るべからず」という言葉があるが、初心にも三種類の初心があって、若い頃の初心、その時々の初心、それから老後の初心というのがあると、世阿弥はその著『花鏡《かきょう》』の中で書いている。老後の初心というのは、体力がなくなったとしても年代に応じた新しい工夫をすることによって常に創造的であり続けることができるという意味のようだと。

そして多田さんはもう一つ世阿弥の「入舞《いりまい》」という言葉を紹介しています。

舞楽《ぶがく》など舞人《まいびと》が舞い終わって舞台から降りて引き揚げるときに、もう一度舞台に戻って名残を惜しむかのようにひと舞、舞ってから引き揚げる、それを「入舞」という。年をとってからもう一つ創造的なことをして、それを入舞とするのは素晴らしいことだ、と多田さんは言っているのです。（『「老いる」とはどういうことか』、河合隼雄氏との対談）

たとえば定年後の過ごし方を見ても人それぞれです。定年退職は職場という舞台からは降りても、人生という舞台から降りることではありません。そこから新しい舞台が始まるのです。それぞれが納得できる「入舞」＝最後の、もう一つの人生を演じることができるのです。

ヘッセもまた、「年をとるということ」についてこう語っています。

興奮と闘いの時代であった青春時代が美しいと同じように、老いること、成熟することも、その美しさと幸せをもっているのだ。（岡田朝雄訳『老年の価値』）

年をとるということは、たしかに体力が衰えてゆくことであり、生気を失ってゆくことですけれど、それだけではなく生涯のそれぞれの段階がそうであるように、その固有の価値を、その固有の魅力を、その固有の知恵を、その固有の悲しみをもちます。（「前掲書」）

加齢を、あるいは老いをいたずらに寂しがったり、あるいはこれに抗《あらが》ったりするのでなく、そこに固有の価値を認め、それをしなやかに受け止め更に新たな創造へ導いていく、そのことによって人生はより豊かに、そして充足したものに転化することができます。白髪は嘆きではなく喜びなのです。豊かな晩節が、そこにあります。

かつて「老人力」という言葉が流行りました。『老人力』の著者は赤瀬川原平で、加齢を衰退と受け止めずに、豊かな「年輪」として受け止める、プラスイメージの発想が、話題を呼びました。その発想の転換が新鮮で、その年の流行語大賞を受けるなど、広く受け入れられました。

「和楽」という至福を楽しむ
それは、富貴の楽しみを超える

人の心の内は、常に恭敬和楽なるべし。恭敬は慎み敬うなり。恭敬ならざれば、心ほしいままにして、悪しきかたに流れて、礼の本たたず。和楽は和らぎ楽しむなり。和楽ならざれば、心うれい苦しみ、道理に従わずして、楽のもとたたず。この二つは、車の両輪・鳥の両翼のごとし。

事急にして多しと云えども、心はせわらしくいそがわしかるべからず。心せまりいそがわしければ、和楽を失いて心苦しむるのみならず、思案もつまびらかならずして、誤り多し。

（『大和俗訓』巻之四）

益軒は豊かな晩節の過ごし方の一つとして「和楽」というキーワードを提示しています。和楽とは少々なじみの薄い言葉ですが、『大和俗訓』のなかで先のようにいっています。

人の心のうちは常に恭敬和楽でなければならない。恭敬とは慎み敬うことであり、和楽とは和らぎ楽しむことである。もし人が和楽でなければ、心はうれい苦しみ、道理に従うこともなく、楽しむことができない。どんな不幸にあっても、心を苦しめたり、この和楽の精神を失ったりしてはならない。

そして『養生訓』のなかではもっと詳しく、

欲をおさえ、心を平《たいらか》にし、気を和《やわらか》にして荒くせず、静かにして騒がしからず、心はつねに和楽なるべし。憂い苦しむべからず。

と書いています。

益軒のこの言葉へのこだわりは、その著作の中でのこの言葉の頻出度によってもわかります。それはまた、「真の勇者は和楽なり」「道義の楽は位なくして貴く、禄なくして富めり。その楽しみは極まりなし。いかんなれば、内に楽しみありて外に願いなければなり」という言葉に表れているように、こせこせ、あくせくしない悠然たる充足の時間であり、金で買えない晩年の楽しみへの誘《いざな》いでもあるのです。

それはまた、一日一日を静かに穏やかに過ごすことでもあります。たとえば古書を読み、山水を眺め、草木を愛し、少しの酒を楽しみつつ過ごす日々を送ることは誰にでもできる楽しみであり、富貴であってもこの楽しみを知らない人に比べてずっと勝《まさ》っているのではないかといっています。

このように和楽という言葉には、人生の日々を穏やかに、和やかに、平和に暮らすという意味があり、これまで触れてきた従容、謙虚という言葉と重なるところがあり、今風に言えば「スロー」

「スローライフ」ということにもつながるように思います。

「和楽」という雑誌があります。大型でビジュアルな楽しい雑誌です。その最新号で、わたしの敬愛する染織作家で一〇一歳という長寿を生きるアーティストの柚木沙弥郎さんの特集が組まれていたので早速求めて読みました。そして、そこで柚木さんの長い作家生活と人生から紡ぎ出された名言に出会いました。そのいくつもが、本項で取り上げた益軒の語る「和楽」と響き合っているように思いました。その幾つかを引いておきます。

面白いものはそこにある。

若いころは旅行に行ったりして何か面白いものがないかな、と遠くを探すけれど、面白いものはもっと身近にある。イチゴをスプーンでつぶすことも、木漏れ日の輝きを見ることも面白い。それを自分で見つけることが大事。

（これは前章の「楽しみは直近にあり」にもつながる言葉でもあります）

楽しくなくちゃ、いけないいんだ。

天国に住んでいるわけじゃないいんだから、何歳になろうとも大変なことがある。だけど、楽しくなくちゃいけない。こだわりは必要ない。楽しく生きるために、自分できることは変えていきたい。

明るくあきらめる。

年をとると、日々いろいろなことができなくなる。散歩もできなくなったし、大好きな餅もお風呂もあきらめなければならなくなった。それでもつらいとは言わずに、〝明るく〟あきらめるのがいいね。

（「和楽」二〇二三年十二月・一月号）

和楽という言葉は最近ではあまり見かけない言葉ですが、先日近くの霊園を散歩していたら、この和楽という言葉に出会いました。最近の墓石の表面には、「〇〇家の墓」という文字の代わりに、たとえば「絆」とか「夢」とか「偲ぶ」などの文字を記したものがよく見かけられますが、その中にこの「和楽」という言葉があったのでした。たまたま本稿を書いている頃でもあり、洋型の墓石前面に大きく刻されたその文字に大きな親しみと、そして優しさと温かさを感じました。

ついでに言うと、この霊園の墓碑に刻された文字の中で圧倒的に多かったのが「和」という言葉でした。和には、仲良くとか、和やかとか言う意味がありますが、和楽という意味も含んでいるように思います。以上はほんの一例ですが、人々がいかにこの「和」という言葉を大切にしてきたかということを物語っています。

何かとせわしく、ぎすぎすした世相の中で、和とか和楽という言葉にもう一度目を向ける余裕を持ちたい、それが豊かな晩節につながるのです。

季節の移ろいと語り合う
半生を超えて、見えてくるもの

あめつちの内四時の行われ、百物のなれるありさま、目の前にみちみちて、人の見る事を喜ばしめ、心を感ぜしむる事、大なる楽しみかな。

（『楽訓』巻之中）

「節序の楽しみ」については先にも書きましたが、同じく『楽訓』の中から、もう一節を引いておきます。

日本人は、めぐり来る季節の中で、その移ろう趣を楽しんできました。多くの文人や作家たちがそれを語り、記録してきました。

益軒もまた、『楽訓』のなかで折々の季節の表情を克明に描きつつ、自然の中で生きる、あるいは自然と向き合うことの喜びと感動を語っています。ここでは、「晩節」という視点から、そのことを見てみます。

季節の移ろいや自然の営みに対する感動は、人それぞれに味わい体験するところですが、それは人生の折々によって微妙に違ってくるように思います。とくに、人生の大きな節目を越えて晩年に差し掛かってからは、その味わいと感動が一段と深いものになるように思われます。

晩年の山頭火のこんな言葉に出会いました。

（庵中閑打坐）
山があれば山を観る
雨のふる日は雨を聴く
春夏秋冬
受用して尽きることがない

「春夏秋冬　受用して尽きるところがない」——四季を友とした山頭火ならではの言葉です。
先にもふれましたが、官職を辞して鹿児島に帰った西郷隆盛にはこんな詩もあります。

春日偶成《しゅんじつぐうせい》

塵世《じんせい》官を逃れ又名を遯《のが》れ
偏《ひとえ》に怡《よろこ》ぶ造化《ぞうか》自然《しぜん》の情
閑中《かんちゅう》味わい有り春窓の菅《すげ》
呼び覚《さま》す暁鶯三両声《ぎょうおうさんりょうせい》

（訳）汚れたこの世で官をのがれ、天地ありのまま（自然あるがまま）の趣きをひたすら喜び楽しんでいる。のどかな春の窓辺で結ぶ夢を呼びさます暁の鶯の二声、三声は静けさの中で味のあるものだ。

「偏《ひとえ》に怡《よろこ》ぶ造化自然の情」に、季節の移ろいに対する深い驚きと悦びが詠《うた》われています。それは、節序の喜びについて語った益軒の言葉と響き合っているように思います。

もう一つ、同様の心情を詠った西郷の詩を引いておきます。

秋江釣魚《しゅうこうちょうぎょ》

蘆《ろ》花《か》洲《しゅう》外《がい》軽《けい》艘《そう》を繋《つな》ぎ
手に魚籃《ぎょらん》を挈《ひっさ》げて短矼《たんこう》に座す
誰か識《し》らむ高人《こうじん》の別天地
一竿《いっかん》風月《ふうげつ》秋江《しゅうこう》に釣る

（訳）蘆《あし》の花が咲いている洲《す》のほとりに小舟をつなぎとめ、手にびくを提げて短小な飛び石に腰をおろしている人がいる。この高潔な人の、普通の人には分からない別天地を誰が識ろう。実は、その人は釣り竿一本で魚を釣るのではなく、秋の川で風月、すなわち大自然を釣っているのであるよ。

（以上、前掲『西郷隆盛漢詩集』）

「一竿風月秋江に釣る」――なかなか味わい深いフレーズです。魚を釣るのでなく、大、自、然を釣っ、て、い、るのだという西郷の思いが心に届きます。西郷には、こうした自然に対する深い思い、畏敬の念を物語る詩が多く残されています。

それはまた、節序を楽しみ、清福という人生を語った益軒に通じるものでもあります。

現代において厳しい企業社会や日々の暮らしに追われる日々が一段落したとき、こうした自然とその四季の営みに向き合う事はあらためて自分と向き合うことでもあります。

最近の新聞の投書から一つ見てみます。これは六十二歳の元教師からのもので、かつて現役時代は忙しくて季節の移ろいを楽しむ余裕がなかったが、退職して土に親しむようになってようやく季節の変化を肌で感じるようになったと、次のように書いてます。

現役時代は金があっても暇がない、退職後は暇はあるが金がない、とよく言われます。なかなか両方そろった人生は望めませんが、心のゆとりも一つの財産と考え、自然を楽しみながらゆったりと過ごそうかと思います。

（「朝日新聞」二〇一〇年五月二日朝刊）

先日、飛騨の山中に移り住み、そこで木工芸の創作に取り組む旧知の工芸家、鵜藤清さんと話をする機会がありました。鵜藤さんは東京でテレビ番組の制作の仕事をしていましたが、若くしてそれを辞め、かねてからの希《ねが》いであった木工の道に進んだ人です。鵜藤さんは、木はどれもが個性豊かで、一本一本表情も違う、だから木との出会いはとても新鮮である、その木々と語り合い、教わりながら仕事をしているといいます。そして、木と語り合う楽しさは誰にでもあるはずだといいます。

鵜藤さんの、木はこちらから話しかければ答えてくれるという言葉は極めて示唆的です。木々やさまざまな自然と語り、その声を聞く、そこに晩年の充足もあるはずです。益軒はそんな楽しみを、『楽訓』のなかで詳細に語っています。

人に五計あり
豊かな晩年のための人生設計を

人に五計あり、一生の間十歳より六十まで、時につけてなすべき営みある事を言えり。まず十歳の頃は、ひとえに父母の養いによりて成り立てり。父母の教えにそむくべからず。これを生計という。二十歳はもとより身を慎み学問をし、芸を習い、家学を勤めて、身を立てる計をなすべし。これを身計と言う。三十歳より四十歳にいたりては、家事を営みて家を立てる計をなすべし。これを家計という。五十にしては子孫のためにはかる、子孫は年若く世事になれず、父まずそのために計をなすべし。これを老計という。六十より以上は、わが死後のことを営みはかるべし。死後のことを早くいとなまざれば、死にのぞんで悔しけれど甲斐なし。この五計はもろこし（唐）の人、朱新仲が語るなり。これ世の常の人も及ぶべき計なり。

（『家道訓』巻之二）

古代インドに「四住期」という考え方があります。これは人生を学生《がくしょう》期、家住期、林住期、遊行期の四つの時期に分けるものです。学生期は師について学び、いろいろな体験をする学びの時期であり、家住期は仕事や家庭を持ち子孫を産み育てる時期で、林住期は家族や財産、その他の人間関係のあらゆる束縛を解き、人里離れた森林などに隠棲する時期で、遊行期はこの世への一切の執着を断ち、聖なる世界の巡礼者として生きる時期であるとされています。これはヒンドゥー教の上級カーストに属する人々の人生の理想的な過ごし方について説かれたものであるといわれます。

こうした人生のライフステージに関する考え方は、私たちにさまざまな示唆を与えてくれますが、益軒も中国の宋時代の文人、朱新仲の説を引用して、人生を五つのステージと考える「五計」という提言をしているのです。

これは人生を五つの段階に分けて、それぞれの段階においてなすべきことを記したもので、まず十代はひたすら父母の養育に従って成長し、父母の教えに背かないように成長する時期で、これを「生計」といいます。二十代は身を慎み、学問をし、技術などを習得して身を立てる計画を作る時期で、これを「身計」といいます。三十代から四十代には家事を営み家を保つ計画をする時期で、これを「家計」といいます。五十代はまだ若くて世間に慣れていない子孫のために、親として計画を立ててやる時期で、これを「老計」といいます。六十歳から上は自分の死後のことをいろいろ考え準備する時期です。死後のことを早くから準備しておかないと、死に臨んだとき悔やんでもどうしようもありません。あえて言えば、「死計」と言ってもいいかもしれません。今流に言えば、終活の時期ということでしょうか。以上が「五計」という考え方です。

益軒はこの五計を紹介しながら、それぞれの年齢に応じた計画を立てることを怠ってはならないといいます。特にこの老計とそれ以降のことについては重要な指摘だといえるように思います。ただ、ここでの年齢は現代に例える時はそれぞれ六十代と七十代以降と考えたほうがいいでしょう。ともかく益軒は先のことを早くから考えて準備しておかないと、後で後悔することになるということを強調しているのです。葬儀の事までよく考えておけといっています。まだ元気だと思い、後先を考えずに無理をしたり、家財を消費したりする、そんな無計画な生き方は避けねばならないのです。

先にも述べたように「終活」という言葉が語られ、現代でも葬儀のあり方や墓のかたち、費用の問題から相続の問題、そして死の迎え方、終末医療の問題まで、死への準備ということが大きな問題となっています。そういう具体的な問題だけでなく、生き方の問題として死とどう向き合うかということが重要な課題となっているのです。

豊かな晩節とは、晩年のことだけでなくその後のこと、死という必然を包み込んだ視野で考えるべきことであると思います。いかに生きるかということは、いかに死ぬかということまで含んだ大きなテーマとなりました。

平均寿命が伸び、これからは長い老後を過ごすことになります。その長い時間を充足した日々として過ごしつつ、やがて来る終末の時をしなやかに受け止める知恵と才覚を備えておくことが重要です。益軒の言葉は、この現代においてこそ、示唆するところが少なくありません。

益軒自身、普段から自身の死について考え、生前にその棺を作らせたといいます。その墓は福岡市中央区今川の金龍寺にあります。その墓前に立つとき、益軒の言葉の一つ一つが胸の奥にふかく届いてくるように思われます。

私事ですが、私は福岡市の大学に在勤中、通勤途中にあるこの金龍寺をしばしば訪れました。そしていま、益軒の墓碑や隣接する銅像に向き合い、益軒と語り合った日々のことを思い出します。

晩節を保つために時機に応じたギア・チェンジを

平生よき人も終りをよくせざらんは、一生のつとめ空しくなれる事惜しむべし。晩節をたもつ事心にかく（気にかける）べし。

（『楽訓』巻之下）

「晩節を保つ」ということはなかなか難しいことです。たとえば政治の世界などを見ていても、この人の晩節とは一体なんだろうと疑問に感じることがしばしばです。もう少しいい晩節の保ち方があるのにと思わせるような貧しい晩節の例に出会うことがよくあります。それは何もこうした政治の世界のみならず、芸能界や企業社会でもそうだし、私たちの身の回りでもしばしば出合う風景です。

みずからがある組織や社会のなかでひとたび主役であると、やがてその役割を終える時期が来た時も、自分ではなかなかそれに気づかない、あるいは薄々それを感じていても、いったん得た地位や権力やカネや人気を手放したがらない、周囲に茶坊主ばかり集めていると、諫言《かんげん》を聞く機会すらありません。時折、鮮やかな引き際を見せる人に出会うと、そこに爽やかな感動を覚えたりするのも、世間には決してきれいとはいえない晩節を見せる俗物が少なくないからかもしれません。

益軒は、年老いてかえって怒りやすく、欲張りで、人を咎めるというような、晩年を保たず心を乱す人が多いと語ります。物事を慎んで、怒りと欲を抑え、物事に寛大で、子の不孝を責めず、常に楽しんで残された日々を送るのがよいことだ、世間では自らの老いに気がつかずに晩節を汚《けが》す人が多くなる、そのことをよく知って慎まなくてはならないと、益軒は『養生訓』の中で語っています。

また『楽訓』の中でも、天命を知らないで、天運に任せることのできない人は、憂い、悲しみが多くなる、かねていい人と言われていても、終わりを良くしなければその人の一生が空しくなってしまうことになり、大変惜しいことなのである、晩節を保つことの重要性を深く心にかけなければならない、と語っています。

銘すべき言葉です。功成り名遂げた人もそうでない人も、その終りがよくないと結局人生そのものをきれいに終わらせることができません。過去の名声や地位を引きずったり、金や欲にこだわる、そのことが、無理を重ねたり、人生の終末を狂わせたりすることになるのです。

かつて東芝の社長や経団連の会長まで勤めた土光敏夫さんは、メザシと味噌汁中心という粗衣粗食を貫き、ゴルフと料亭が大嫌いで、「暮らしは低く、思いは高く」という思想を貫いた人として、その晩節は多くの人の信望を集めました。もちろん、著名な人に限らず、私たちの周囲にも、爽やかな敬すべき晩節を見せる人も少なくありません。だからといって、枯れる必要などはないのです。高齢には高齢の生きがいがあり、楽しみがあり、新たな創造があるのです。年齢《とし》相応に大人しくしている必要などありません。年齢相応などというと、世間の片隅でひっそりと過ごすイメージがありますが、年齢相応に人生を楽しみ、豊かに過ごすことは大切なことです。世間体や常識という壁を超えて、自分の人生は自分で決めることです。

ただ、晩年に向かう時期のギア・チェンジを間違えたり、いつまでも過去の物差しで自分の人生を測っていると無理や間違いが起こるのです。

「晩節を保つ」という言葉は、なるべく失敗のないように余生を送るという、どちらかというと後ろ向きのイメージを伴いがちです。そうではなくて、晩節はかけがえのない豊饒の季節でもあるのです。

年輪を感じさせ、どこか奥深い人柄を思わせる、そして何より自分が納得できる晩節、そのためには時機を逸しない価値観の転換が不可欠です。

ここで、晩節を生きる覚悟ともいえる、ある新聞投書の一つ紹介しておきます。

それは「残る人生を生きる三方針」という、五十八歳の男性のものです。

この「三方針」を要約すると、一つ目は「ケチに徹する」というもので、残された知力、財力、体力、気力を効果的に、無駄なく使っていきたいということです。二つ目は、「交友関係に偏屈の度を加える」で、舞台の上に立つ人でなく縁の下の力持ちを大事にするということです。三つめは、「借財の返済にあてる」ということで、もちろんこれは借金の返済のことではなく、恩義

ある人たち（友人、先輩、両親、親族など）への恩返しをしていくということです。（「毎日新聞」一九八〇年二月二十二日）

「ケチ」「偏屈」「借財の返済」などという言葉や比喩の使い方が面白く、説得力があります。そこから、たとえば「世間の常識に拘らない」「不器用を貫き、背伸びしない」「地道な人間関係や恩義を大切にする」などの、豊かな晩節を過ごすヒントを読み取ることもできるように思います。

もちろん、人それぞれの老いや晩節は多様であっていい。ただ、それぞれが独自の「三方針」というべきものについて考えてみるのも意義あることではないかと思います。

最後に、多磨霊園を歩いていて出会った、墓碑の言葉をいくつか引いておきます。

老いていま
過不足もなし
古茶淹るる

天晴れて
太平洋に
ざこを釣る

人の世の
欲を離れて
すがすがし
恨み哀しみ
苦しみもなし

豊かな晩節を思わせる、含蓄に富んだ言葉です。

わが人生に悔いなし、と歌いたい
天命を楽しむ

生けるものついに死なざるはなし。又二たび生まれくる身にしあらざれば、此の世なる間は楽しみてこそ有りぬべけれ。悔しく過ぎし昔の事はすべきようなし。かえすがえす我も人もかく生まれつる楽しみを知らで、身をいたづらになし、さてもかいなく世に朽ちなん事、うらむべし。もし朝に道を聞けば、人となれるかいありて、夕べに死ぬともまた何をか恨みんや。

（『楽訓』巻之下）

人々にとって、とくに六十歳を過ぎて、残された長い時間を控えた人々にとって、それからの時間をどう過ごしていくのかが、最大の課題になります。「晩節」という言葉が重要なキーワードであることは疑いないということです。つまり、先にも述べたように、この時期とどう向き合うかによって、その人にとって豊かな晩節となるのか、貧しい晩節となるのかが決まってくることになるのです。

八十五歳という、当時としては稀有な高齢を生きた益軒にとってもそれは自身の問題でもあったし、また当時の世相の鋭い観察者であった益軒としては、そのことは人々に対してどうしても語りたかったことでした。益軒はそれを、「天命」というキーワードで語っています。

益軒は、人により長命短命があるが、それは天命であるので、その長短を嘆いたり、悲しんだりしないで、その天命を楽しむほかはなく、たとえば松と朝顔を比べてみると、松は千年を保つが、朝顔の花は一日だけである、その長短は生まれつき決まっているものだから、短いことを恨んではいけない、松も朝顔もそれぞれの天命を全うするのだ、だから人も、長い短いに関係なく与えられたいのちを楽しむべきだといいます。

また、その「天命」を楽しむためには、外欲の楽しみに振り回されてはいけない。豊かな晩節を生きる人は学んで天の理《ことわり》、人の道を知り、天から与えられた人生を楽しみ、貧しさを憂えたりしない。閑を得ては書を読み、旅をし、交友を楽しみ、時節を感じ、風景を楽しみ、月花を愛で、草木を愛するなど、代わる代わる楽しめば、朝夕の楽しみは極まるところがない。とくに年を重ねてからは、むさぼらず、怒らず、ものごとを熟慮し、こころ穏やかに過ごすべきである。そのことを知らずに人生を終えることは、残念極まりないことである。

以上が益軒の語るところです。これまで述べてきたことと少々重なりますが、とくに晩年を迎えた人々に、老いを嘆くばかりでは天命を知ることなく、ただいたずらに満ち足りない思いの日を送るだけだ、その残された日々を無駄にすることなく、楽しみの日々とすべしと熱く語るのです。

それが天命を楽しむことだといいます。『礼記』（らいき＝儒教の経典・五経の一つで、礼についての解説・理論）に、「君子は道に従うことを楽しみ、小人は欲に従うことを楽しむ」とあるのはそういうことです。

また、『論語』に「朝《あした》に道を聞かば、夕べに死すとも可なり」とあるのはまさにそういうことで、天命を知り道を知り、日々を生きることが本当の人生の楽しみにつながることになります。

益軒は、人生における本当の意味の楽しみについて語った『楽訓』を、この言葉で締めくくっています。

天命と聞くとどこか定められた運命、諦めに通じると思いがちですが、そうではなく逆に豊かな晩節を創るために与えられた人生、かけがえのない自分の人生なのです。あくせく過ごそうと、ゆったり過ごそうと、着地は必ずやってきます。

他からどのように見られようと、自分を大切にし、肯定できる人生を歩んできたと納得できる人生を生き抜いていきたい、そんな風に考えたい。

石原裕次郎は、「はるばる遠くへ来たもんだ　長かろうと短かろうと　わが人生に悔いはない」（作詞・なかにし礼、作曲・加藤登紀子）と歌いました。そんな風《ふう》に歌えるために、益軒の語るところに、もう一度耳を傾けてみたらどうでしょうか。

こう見てくると、貝原益軒の言葉はまさに現代人へのメッセージでもあると言えます。

本書では、多くの先哲や識者の思想や言葉のなかに、あるいはごく普通の無名の人生を送った人々の言葉なかに、益軒と響き合う大切なものを読むことができましたが、最後に前ウルグアイ大統領ホセ・ムヒカの言葉を引いておきます。

ホセ・ムヒカは〝世界で一番貧しい大統領〟として注目を浴びた人物です。大統領時代も公邸には住まず、自宅の農園で暮らし、農場で菊を栽培し、給料の大半を貧しい人々のために寄付し、また資産の八〇パーセントを寄付し、個人資産は一九八七年型の中古車一台だけという暮らしを続け、世界のリーダーたちに、モノとお金に振り回される高度消費社会からの脱皮を呼びかけました。二〇一六年四月に来日し、日本人にも感銘を与える言葉を多く残しました。その一部を抜粋しておきます。

「ペリー提督が日本に来たとき、日本人は西洋人の持つ技術を知り、そしてそれを超えようとした。そしてそれを成し遂げた。

だがその時、日本人は魂を失った」

「かつての日本人は多くのものを持たず、それ以上を望まなかった。

幸せな人生を送るには重荷を背負ってはならないと思う」

（そして、今の日本についてどうお考えですかという質問に対して）

「産業社会に振り回されていると思うよ。すごい進歩を遂げた国だけど。

しかし、国民が本当に幸せなのか疑問だね」

「幸せとはモノを買う事と勘違いをしているからだ。

モノは人を幸せにはしてくれない」

「貧しさとは無限にモノを欲しがり、満足できない人のことである」
「私は貧乏ではない。質素なだけです」
「モノで溢れる事が自由なのではなく、時間で溢れる事が自由なのだ」
（『世界でもっとも貧しい大統領ホセ・ムヒカ　日本人へ贈る言葉』ほか）

以上はホセ・ムヒカの言葉の一部ですが、それでも引用が少々長くなったのは、多くの日本人に感銘を与えたその言葉が、貝原益軒の語るところと深く重なっていることが刮目に値すると思えたからでした。とくに、「すごい進歩を遂げた国だけど国民が本当に幸せなのか疑問だ」という言葉が痛切に響きました。

そして、ホセ・ムヒカにも是非とも益軒の本を読んでほしいと思ったりします。ムヒカはどういう反応をするでしょうか。興味津々です。

こうしたホセ・ムヒカの言葉に接するとき、私は最近読んだ経済学者橘木俊詔氏の著書の一節を思い出しました。橘木氏は現代日本の格差社会を論じ、「心豊かで幸せな生活とは何か」を問いかけながら、幸せな人生を送るための心掛けへの提言を語っています。

そのなかから多少要約しながらいくつか拾ってみると、「他人との比較をしない」「多くを、そして高くを望まない」「何か一つ打ち込めることを」「他人を支援し、他の人の幸せに思いを馳せること」などが、心に残りました。（『新しい幸福論』）

そして、それが益軒やホセ・ムヒカが語ったことと深く響き合っているように思えました。かくて、貝原益軒という江戸期の碩学の語るところの新しさに、あらためて感じ入ることとなりました。

本章で出てきたキーワード＝心は身の主、閑、加齢、和楽、五計、晩節、天命など、それは、先立つ各章で述べた、「急がない」「求めない」「比べない」「待つ」「七十点の人生」「受け容れる」「少欲知足」「器量」「中庸」「従容」「清福」「陰徳」「養生」という言葉に繋がります。そこには、益軒が本当に語りたかったグランドバスが一貫して流れているように思います。もちろんそれは同時代の人々に語られた言葉ですが、深く読み込んでいくと、そこに現代人に届く豊穣なメッセージを読み取ることが出来るように思います。

一見、繁栄の時代に見える現代、貝原益軒と、本書で引用した多くの人物達の言葉を手がかりに、

「いま、私たちは幸せに生きているのか」

「人生を楽しく生きるとはどういうことなのか」

「本当の豊かさ、本当の幸福とは何か」

などのテーマに、真剣に向き合ってみるのも、決して無駄なことではないでしょう。

いまこそ、「新・幸福論」を語る時なのです。

本書のサブタイトルを、「貝原益軒が語る、新・幸福論」とした意図も、そこにあります。

あとがき

先に刊行した拙著『還って来た山頭火』の「あとがき」でも書いたことですが、私は最初の職場であったNHKを退職後、一時、福岡の大学で教鞭をとることになりました。その地はかつて学生時代を過ごした場所であり、またNHKでの勤務経験の地でもあり、私にとっては懐かしい街でもありました。

そこでの出会ったのが山頭火でした。親しくなった古本屋の店主が、山頭火についての蘊蓄を語ってくれました。それが一つの契機となって、『還って来た山頭火』などの執筆に至りました。

銘ずべき福岡での出会いのもう一つは、貝原益軒でした。益軒にとって福岡は、黒田藩の儒者として仕官し、一時期の京都などでの滞在などを除いて生涯をこの地で過ごしたゆかりの地でもあったのでした。もちろん、益軒や養生訓については一応の知識はありましたが、あらためてその深さについて気付かされたのも、この古本屋でのことでした。

店主の親父は、『養生訓』をざっと読んだだけで益軒が分かったつもりになるのはいかがなものかと言いつつ、『大和本草』や『大和俗訓』『慎思録』『楽訓』など、他の著作にも目を通すことを勧めてくれました。そこで私は、益軒の世界の広さと深さについてあらためて刮目することになりました。

たまたま通勤途中に金龍寺という大きなお寺があり、その境内に貝原益軒の墓がありました。

そこには益軒と東軒夫人の墓碑が寄り添うように建っており、近くに益軒の銅像もありました。私はしばしばこの寺に立ち寄り、境内を散策し、益軒の墓碑に対面し、語りかけました。

そんな体験が私自身のなかに深く沈潜し、かつて益軒に関する著作を物したりしましたが、その後も益軒への拘《こだわ》りが消えることはありませんでした。その拘りが、長い歳月を経た今、この新たな益軒論の執筆に繋がりました。

この二十数年の時代の変化は激しく、その中で生きる人びとの生きづらさはますます深刻です。益軒が先の手紙でふれていたように、一見繁栄を見せるこの国で、「しかし、そこに暮らす人々は本当に幸せなのか」という問いは、ますます重い問いとなっています。

とすれば、いま、この令和の時代に敢えて益軒に注目し、その著作を読み直す意味は一層大きいものとなったと言わざるを得ません。

多くの方が、本書に目を通してくださり、単に養生法や健康法の指南書としてではなく、新たな人生論、新たな幸福論として益軒の語るところに興味を持って頂ければ、著者として嬉しい限りです。

本書の執筆に際しては、参考文献に挙げたものを含めて多くの先達に負うところ大でした。とくに、北里大学名誉教授立川昭二先生には、その著書を通じて学ぶとともに、また時折ご自宅に伺ってお話を伺い、ご教示を賜ったことを思い出します。話はしばしば脱線し、多岐にわたりましたが、そこで過ごした時間は、まことに至福のときとなりました。それは、無名の時代から三十年以上に亘りご厚誼をいただいた、河合隼雄先生と過ごした時間を思い出させます。そんな時間の蓄積が、私の書くものの奥深くに沈潜しているように思えてなりません。

また本書の表紙には、今回も日本芸術院会員の藪野健先生に、素晴らしい作品を提供していただきました。拙著の表紙としては五冊目になります。先生の表紙絵が楽しみだと言っていただく読者からのメッセージもいただきました。先生と過ごす時間と話題は、表紙絵のことを超えて際限なく広がり、飛翔していきますが、それもまた掛け替えのない至福の時間となっています。

なお、益軒の著作を含めてその引用に当たっては、読みやすさに配慮して新字や現代仮名遣いに改め、また仮名の一部を漢字に改めました。

本書刊行に際しては、展望社の唐澤明義社長には大変世話になりました。唐澤社長は本書の意図に深く共鳴され、温かい励ましをいただきました。その懐の深さに感謝です。唐澤さんと時折吉祥寺で会い、気侭な歓談の時を過すのも楽しみの一つとなっています。藪野さんや唐澤さんとともに、本書の刊行にかかわることができたことを嬉しく思います。

本書が、読者の皆さんがより深い益軒像を知り、さらなる思索を深めていかれる契機となるとすれば、著者として望外の喜びとなります。

二〇二四年早春
東京都府中市の寓居にて

立元幸治

参考文献

＊本文中に明記・引用したものの一部は除外しました

石川謙校訂『養生訓・和俗童子訓』岩波書店　一九六一年
石川謙校訂『大和俗訓』岩波書店　一九三八年
伊藤友信訳『養生訓』講談社　一九八二年
松田道雄編『貝原益軒』（『日本の名著』中央公論社　一九六九年
井上忠『貝原益軒』（人物叢書）吉川弘文館　一九六三年
横山俊夫編『貝原益軒——天地和楽の文明学』平凡社　一九九五年
立川昭二『養生訓に学ぶ』ＰＨＰ研究所　二〇〇一年
童門冬二『新釈　楽訓』ＰＨＰ研究所　二〇一〇年
山崎光夫『老いてますます楽し　貝原益軒の極意』新潮社　二〇〇八年
城山三郎『人生の流儀』文化出版局　一九八六年
水島直文・橋本政宜編注『橘曙覧全歌集』岩波書店　一九九九年
ヘンリー・デイヴィッド・ソロー著、飯田実訳『森の生活』上、下　岩波書店　一九九五年
セネカ著、茂手木元蔵訳『人生の短さについて』岩波書店　一九九一年
佐藤一斎著、川上正光全訳注『言志四録』（一～四）講談社　一九七八～八一年
河合隼雄『河合隼雄著作集』（全十四巻）岩波書店　一九九四～五年
河合隼雄『老いるとはどういうことか』講談社　一九九七年
辻本雅史『江戸の学びと思想家たち』岩波書店　二〇二一年
黒井千次『老いのかたち』中央公論新社　二〇一〇年
帯津良一『養生という生き方』ジェイティビィパブリッシング　二〇〇九年
岸田秀『「哀しみ」という感情』新書館　二〇〇八年

水上勉『良寛』中央公論社　一九八四年
吉野秀雄『良寛』アートデイズ　二〇〇一年
渡辺京二『無名の人生』文藝春秋　二〇一四年
セネカ著　茂手木元蔵訳『人生の短さについて』岩波書店　一九九一年
立川昭二『足るを知る生き方――神沢杜口「翁草」に学ぶ』講談社　二〇〇三年
タル・ベン・シャハー著、成瀬まゆみ訳『ハーバードの人生を変える授業』大和書房　二〇一〇年
野口晴哉『風邪の効用』筑摩書房　二〇〇三年
小浜逸郎『死にたくないが、生きたくもない。』幻冬舎　二〇〇六年
瀬戸内寂聴『老いを照らす』朝日新聞出版　二〇一六年
安保徹『疲れない体をつくる免疫力』三笠書房　二〇一〇年
常盤新平『明日の友を数えれば』幻戯書房　二〇一二年
渡辺格『定年おめでとう』講談社　二〇〇五年
山田尚二・渡辺正共編『増補　西郷隆盛漢詩集』西郷南洲顕彰会　二〇〇八年
森博嗣『勉強の価値』幻冬舎（二〇二〇年）
新潮社「考える人」二〇一六年春号
小学館「和楽」二〇二三年十二月・一月号
ヘルマン・ヘッセ著、岡田朝雄訳『老年の価値』朝日出版社　二〇〇八年
佐藤美由紀『世界でもっとも貧しい大統領ホセ・ムヒカ　日本人へ贈る言葉』双葉社　二〇一六年
橘木俊詔『新しい幸福論』岩波書店　二〇一六年
立元幸治『墓碑をよむ～無名の人生が紡ぐ、豊かなメッセージ』福村出版　二〇一九年
立元幸治『還って来た山頭火～いま、私たちに何を語るのか』春陽堂　二〇二〇年
立元幸治『デュオする名言、響き合うメッセージ』福村出版　二〇二三年

著者

立元　幸治（たちもと・こうじ）

一九六〇年九州大学卒業後、NHKに入局。主に教養系番組の制作に携わり、チーフ・プロデューサー、部長、局長、審議委員などを務める。主な制作番組に「情報と現代」「近世日本の私塾」「明治精神の構造」「日本の政治文化」などがある。NHK退職後、九州産業大学、東和大学などで「メディア論」や「現代社会論」などの講義と研究に携わり、現在は主に執筆講演活動を展開している。著書に『転換期のメディア環境』（福村出版）『こころの出家』（筑摩書房）『器量と人望』（PHP研究所）『東京多磨霊園物語』『東京青山霊園物語』『鎌倉古寺霊園物語』（以上明石書店）『威ありて猛からず　学知の人西郷隆盛』（新講社）『墓碑を読む～無名の人生が映す、豊かなメッセージ』『人は鹿より賢いのか』『デュオする名言、響き合うメッセージ』（以上福村出版）『還って来た山頭火』『年はとっても、年寄りにはなりたくない』（以上春陽堂）などがある。

いま、私たちは幸せに生きているのか
～貝原益軒が語る、新・幸福論

二〇二四年五月二十一日　初版第一刷発行

著　者――立元幸治
発行者――唐澤明義
発行所――株式会社展望社
郵便番号一一二―〇〇〇二
東京都文京区小石川三―一―七
エコービル二〇二
電　話――〇三―三八一四―一九九七
ＦＡＸ――〇三―三八一四―三〇六三
振　替――〇〇一八〇―三―三九六二四八
展望社ホームページ http://tembo-books.jp/

印刷・製本――モリモト印刷株式会社

ISBN978-4-88546-443-0

外山滋比古の好評既刊

外山滋比古「少年記」

八十歳を迎えて記す懐かしくもほろ苦い少年のころの思い出のかずかず。

四六判上製　定価1650円

コンポジット氏四十年

四十年前に突如、登場した謎の人物。根本実当、コンポジットと読みます。

四六判上製　定価1980円

裏窓の風景

考えごとも仕事もしばし忘れて、窓の外に眼を向けてあたまを休めよう。

四六判上製　定価1540円

文章力　かくチカラ

外山先生が自らの文章修業で学んだこと四十章。

四六判上製　定価1650円